近代中日關係研究 第三輯9

宮崎滔天論
孫中山與黃興

宮崎滔天 著
陳鵬仁 編譯

蘭臺出版社

撰寫「三十三年之夢」時的宮崎滔天

爲調查中國秘密結社，在香港與興中會員合影。
右起第四人爲宮崎滔天。（1897年）

委任狀
中國革命軍總理 孫文
委任宮崎寅藏君在日本全權辦理
籌資購械接濟革命軍所有與資
主交涉條件悉便宜行事此委
宮崎寅藏君
八月十三日

國父授權予宮崎滔天籌資購械接濟革命軍委任狀。
（1907年9月13日）

辛亥革命發生後，在香港丹佛號輪上與　國父等革命同志合影。後排左起第六人爲宮崎滔天。（1911年12月21日）

1912年6月30日攝於上海黃興公館

在杭州西湖的宮崎滔天、松本藏次、蘇曼殊。(1916年)

國父的揮毫

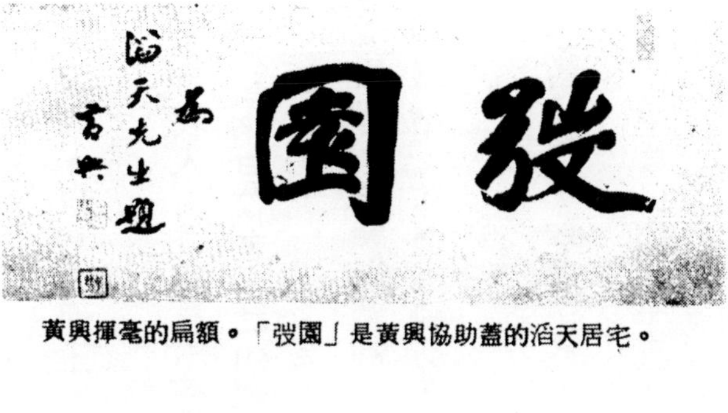

黃興揮毫的扁額。「弢園」是黃興協助蓋的滔天居宅。

凡例

一、本文庫所包括之學科計歷史、地理、人文、社會、藝術、自然、理工、農醫各類科之知識而較通俗者，以適合社會各階層之需要。

二、本局舊刊中不乏名著，如內容合文庫之要求者，亦可收入，唯如有不合時宜之處，必先修訂。是以本文庫之稿源將來自新著及舊刊。唯無論來自何者，其印製與裝訂力求清晰、美觀。

三、文庫內文之編排分上下兩欄，穿線裝訂，並以成書之先後編以號碼，以便查攷。又本文庫之版式，較一般書籍爲小（四十開本），俾便携帶，售價亦較廉，以廣發行。

正中書局編審部謹識

中華民國六十五年七月

自序

本書內容，可以分爲下面幾個部份，首先是宮崎滔天本身論　國父和黃興將軍的文章；其次是有關宮崎滔天的著作「三十三年之夢」和「宮崎滔天全集」的介紹；第三是宮崎滔天夫人槌子女士對於辛亥革命的囘憶；第四是我寫有關黃興將軍的軼事，和李雲漢先生所撰有關拙譯著「孫中山先生與日本友人」一書的評介；最後是　國父給宮崎滔天的函電。

宮崎滔天是參加辛亥革命的日本志士當中，動機最純眞而貢獻最大的人，其對辛亥革命的貢獻，決不亞於我黨國元老。他對辛亥革命的貢獻，我認爲有以下五大端：第一，他將　國父的英文著作「倫敦被難記」譯成日文發表，使　國父在日本一舉而成名，並且他的日譯，比中譯本早出版廿四年；第二，他參加辛亥革命的囘憶著作「三十三年之夢」被譯成中文後，在中國大陸普遍流傳，使中國青年對革命有所認識和進一步地瞭解，令中國靑年對革命的覺醒，貢獻很大，黃興就是因爲讀到這本書，日後亡命日本時去找他而跟他成爲盟友的；第三，他介紹　國父和黃興認識，而由此促成了革命陣營的大同團結，成立中國革命同盟會，對日後革命的成功奠定了基礎；第四，主編日本刊物「革命評論」，支持和宣傳革命，不遺餘力；第五，代購革命軍所絕不可缺欠的彈藥武器。

由於上述的理由，宮崎滔天的著作，實在具有史料和文獻價值。我認爲，翻譯和介紹宮崎滔天的文章，應該是整理辛亥革命史的重要工作之一部份，而這也是爲什麽我要偷閒翻譯它的主要原因。我相信，此書的出版，對中國現代史，將有其應有的貢獻。

最後，我要衷心感謝正中書局董事長朱建民先生、總經理黎元譽先生、總編輯曾濟羣先生幫我出版這本書；李雲漢先生同意將其大作收入本書；莉莉鼓勵我的寫譯工作；同時以此書紀念中國國民黨建黨八十週年。

陳鵬仁

民國六十五年雙十節於東京

目次

一、孫逸仙論

宮崎滔天

自古以來，在亞洲，赤手空拳奪取天下，在萬民之上以濫用權力爲快的野蠻的豪傑不算少；但是，據義理、主義，企求從困厄裏救出蒼生的革命的眞英雄則不多見。而爲我所知道的這些英雄，阿基那爾多（Emilio Aguinaldo）之前有李查爾（Gose Rizal）（譯註一）；洪秀全之後有孫逸仙而已。

由李查爾所發起的革命運動，和阿基那爾多所領導的獨立戰爭，其結果都失敗了。我實在不忍心言它。可是洪秀全所想建設的太平天國，因爲洪秀全的失敗而成爲泡影，當時的老大帝國仍舊是老大帝國，惴惴焉在那裏保其餘命。果爾，這個老大帝國將往何處去，誰能拯救此老大帝國的國民呢？這是本世紀地球上的一大問題。

而　孫逸仙就是以解答此問題爲己任的人。他是年方四十的壯年，曾在華南舉兵兩次失敗，但他却愈挫愈奮，其志越堅，其自信更強，爲中國革命問題，目前他正在奔走於東西兩半球。孫逸仙的成功和失敗，關係中國現在和將來的命運；而　孫逸仙之成功，乃爲中國衆人之所期待，更爲　孫逸仙本身所確信不疑者，因此全世界的視線，也就統統集中在他身上。那麼，孫逸仙是何許人呢？

孫逸仙的半生是戰鬪的歷史。他在廣東省香

山縣一個寒村的農家降生的時候，就具有與貧困戰鬬的命運。十五歲時，承乃兄的好意到夏威夷，在那裏由農民生活進入學生生活，爲時不過兩年，由於入信基督教而爲其兄所拒，因此回國再過農民生活。十八歲時起五年，半工半讀在香港學醫。畢業後行醫於澳門，極受歡迎，惟爲洋醫所嫉，終於不得不關門；此時開始著手革命運動，靠醫術得金錢，用之於遊說。一八九六年，舉義失敗，遂亡命國外，流浪世界，游說又游說，至英京倫敦，竟被淸廷領事館拘禁，九死一生，又流浪全球。一九〇〇年，舉兵於惠州，又遭挫折；爾後週遊歐美兩次，刻正在以不屈不撓的精神奮鬬中。

孫逸仙的半生是戰鬬的歷史，同時也是失敗的歷史。但失敗的歷史却加強了他的信心和勇氣，由此他的事業可以指日底成。而近數年來，他的主義主張以燎原之火的聲勢在中國內部傳播，更贏得歐美人士非常的尊敬，可以說是它的明證。如非他的努力奮鬬，怎麼會有今天這樣的成就？的確，革命勢力之有今日的成績，完全是孫逸仙奮戰的結果。

但他今日的戰鬬，只不過是迎接大革命戰爭的一種準備而已。這等於說，戰鬬準備完成之日，正是大革命戰爭勃發之時。那麼，所謂的戰鬬準備，現在已經進展到何種程度了呢？俄國革命黨在其機關報「奧理亞」（譯註二）發表了它的預言。它說：「在兩個月之內，中國南部將發生驚天動地的革命。」是否會如此，這是一個疑問。

我想，也許不會那麼快。不過，天下的形勢，的確日趨對於革命黨的活動有利。因此，孫逸仙之決定進行孤注一擲的戰爭的時期，似不致於太遠。 孫逸仙是要把中國變成自由共和的新天地，不達到目的不干休，具有非爲其戰鬪到底不可的命運和自覺降生此世的戰鬪的人物。

若是，他會因爲中國革命的成功，而放棄其戰鬪嗎？有一位日本人曾經問他說：「您完成了革命，中國強盛以後，一定會來征服日本，縱令您沒有這種想法，貴國國民對於戰敗日本必定懷恨。」他冷笑着答說：「請不必耽心。我最討厭坐船，所以我要避海往同樣大陸國的俄都進軍。」今日的俄國已非昨日的俄國。那麼，他日他將進軍何國呢？這是非我所能知道的，不過由此也可以想見他的鬪志之如何地旺盛。果爾，他將披何種戰甲上未來的戰場呢？

我不必多說。他是穿着名叫自由平等博愛之戰甲的革命的化身。他在幼年時代所獲得的基督教信仰，加上他少壯時代不斷地鑽研所得的政理和哲學形成另一種哲學，這種哲學和 孫逸仙混爲一體，而成爲今日的革命戰士 孫逸仙。

孫逸仙堅信天不在人之上造人，因此他以人類同胞主義，擬在地上建設天堂者。

所以，如果有人認爲 孫逸仙想依民族主義推翻滿清政府者，那就錯了；如果有人以爲孫逸仙欲以種族的偏見報復歐美的話，那更是大錯。當然，他愛跟他屬於同樣的民族和種族；但同時他也愛世界萬民。他具有愛一切人類之優美的精神和高尚的感情。 孫逸仙是主義的人。因此違背人道者，不論滿漢，不分黃白，他將以革命的鐵火予以徹底的洗禮。

洪秀全喜歡投機。他自稱爲耶穌基督的弟弟

，用妖術瞞騙人民。這畢竟是承襲因爲沒有自信而來的弊端的結果。而他終歸失敗的原因也在此。在這一點，我特別尊敬　孫逸仙。他一點也不投機，毫不矯飾，沒有絲毫權謀術數，一切的一切自然天眞，你跟他認識愈久，你對他會愈崇敬。所謂樸直的英雄的本色，當以他爲其典型。

孫逸仙之在日夜爲革命奮鬪是衆人皆知的，但是，爲求知識他也在日以繼夜奮鬪的事實，世上知者並不多。他是個非凡的讀書人。除革命以外，他的嗜好就是讀書，因爲讀書所得到的新知識，又革命(新)他自己。在他書房各種各樣的書裏頭，最多的是哲學、社會經濟學和兵學(戰術)方面的書。　孫逸仙是左手拿着社會哲學書，右手執着刀劍的，想改造現世的革命戰士。

認識他的一部份的日本人說，　孫逸仙是中國稀有的人物。那麼，在日本，有他以上的人物嗎？沒有。　孫逸仙實在是具有大本領的世界的大人物。(譯註三)(譯自「宮崎滔天全集」第一卷)

(譯註一) 這是指一八九九年，菲律賓獨立戰爭前後的事情而言。

(譯註二)「奧理亞」是個音譯，譯者未能查出它的原文。

(譯註三) 本文原發表於一九〇六年十月二十日，在東京發行的「革命評論」第四期。用的是「火海」這個筆名。

一九七四年十月十二日於東京

(原載一九七四年十一月十二日臺北「中央日報」)

二、孫逸仙論

宮崎滔天

譯者按：宮崎滔天（寅藏）爲國父　孫中山先生生前的日本友好之一，曾著有「三十三年落花夢」一書，以記述　國父的生平事蹟及其與　國父交往經過。這篇「孫逸仙傳」，是宮崎滔天的遺稿，被收在新近出版的「宮崎滔天全集」第一卷中，以前從未發表過，所以不知道作於何時。內容僅記至倫敦被難爲止，雖無重要新史料，但亦可從此一外國人的筆下，見出　國父奔走革命情形之一斑，不無參考價值。謹根據原文，加以節譯，以饗讀者，並紀念　國父逝世五十週年。

少年時代與求學時代

孫文，字逸仙，一八六六年，出生於廣東省香山縣。父名道川，母爲楊氏。世世務農。家雖貧，但却琴瑟相和，伉儷情深，育三男二女，逸仙爲其季子。

俗語有言：「長子溫和季子調皮。」孫家長子年少氣銳，不願繼承父祖之業與鋤鍬爲伍，乃前往夏威夷，投身商界，竟然發揮其所長，獲取萬金，成爲商界的巨擘。次子早逝，已不在人間。 逸仙與二位姊姊在雙親膝下。他雖也助家業奉養雙親，但一得空就率羣童，跑遍山野，自任首領共演模擬戰爭，甚至廢寢忘食，不知夜之至，因此，有兒童晚歸者，其父兄必定縐眉說：「又參加 逸仙的戰爭遊戲去了。」 吉田松蔭（譯註一）說：「爲羣童之魁者，乃爲天下之魁的開始。」 逸仙似乎屬於這一類。

我曾問 逸仙說：「先生的中國革命思想來自何處？」他答說：「我革命思想之成爲體系乃是以後的事。不過給我這種念頭的，却是幼年時代鄉閭宿老的談話。」所謂宿老是些什麽人呢？就是太平天國軍的老兵。

語曰：「龍二寸而吞氣。」 逸仙三尺之孩童時就英氣橫溢，膽量超羣，因此戰敗之老兵甚愛其器。老兵常左手掀白髯，右手撫其頭，諄諄暢談當年的戰況，說明洪秀全的丰彩，甚至乘興說：「你應做洪秀全第二。」而他也心中以此自任，並一得空就做模擬戰爭，以聽宿老們的革命談爲無上的快樂，所以後來人們並不把他叫做逸仙，而皆稱他爲洪秀全。

我曾經跟 逸仙談論過土地問題。我問他說：「先生平均地權之說來自何處？是從學問上的研究得來的呢，還是從實際上的考察得來？」逸仙答說：「我幼時的境遇，刺激我使我感覺有從實際上和學理上來研究這個問題的必要。我如果沒出生在貧農的家庭，我或不會關心這個重大問題。」他又說：「當我達到獨自能夠思索的時候，在我腦海中首先發生疑問的就是我自己的境遇問題。亦即我是否將非一輩子在此種境遇不可，以及怎樣才能脫離這種境遇的問題。」

西方人說：「眞正的同情是親自經驗同一境遇的人所具有的特權；至於通常所謂的同情，只是道義的感情的微動，不能算是眞正的同情。」今日，逸仙不但自己脫離了這種境遇，而且進一步想把千千萬萬正在永久奴隸之境遇的同胞拯救出來。這實在是血淚的同情，血淚的革命。天造英傑之方法，可謂至爲完善。

逸仙十二歲時至夏威夷依靠乃兄，這是爲了解決他自己的疑問，亦即爲了研究如何脫離其永久奴隸的境遇的方法。到了夏威夷之後，其兄要他進英文學堂。他以天賦英才讀了三年英文書。這時他已經不復是吳下的阿蒙了。該時他又遇到人類生死的疑問，乃信奉耶穌，以之爲其解決者。他雖然做了基督敎徒，但他的哥哥却不喜歡他信仰基督教，所以勸其脫離，可是他不但不聽，反而勸其哥哥入教，於是哥哥生氣並命其歸國。因此他便回家鄉，重返舊境遇，用鋤鍬幫助父母的工作。

逸仙曾經對我說過當時的心情和感想。他說：「我回到雙親膝下後，鄉間的宿老和朋友們都要我說我在夏威夷所得的見聞給他們聽。而我所說的，都爲他們所歡迎，因此他們終於推我做資深議員，參與鄉政之事，更多採取我的意見。改修道路；在街道點夜燈；爲防禦盜賊，以輪流方式，用壯丁設置夜警隊；令這些壯丁帶槍等事皆是。當時，我如果有今日的思考能力，我不會出於賭注一舉大計之行動，而逐漸擴大現有之信用和實力，由縣而州，由州而省，隱忍持久，藉共同防衛之名以輸入武器，訓練壯丁，待機起事，大事或者易成。可是，血氣方剛的我，究竟

不能久安於此境，居家一年之後，聞廣東設立醫
學院，遂得雙親之同意進入此校。」　逸仙時年
十七。

　俗語說，醫爲仁術。　逸仙之選擇醫術，是
爲了行仁術呢，還是把它當做脫離永久奴隸的境
遇最佳的方法呢，我不知道；不過我却知道　逸
仙之選擇此路，乃是他認識了人類自然的要求，
並具有應這種要求的意志的表示。

　爲什麼說醫術是人類自然的要求呢？無疑
地，人在此世，無不希望生存者。希望生存者，
必需醫生。而求醫者，人人都要求良醫。這是我
所謂自然的要求。而欲應這種自然要求的人，可
以說到處皆有，不過有精巧與不精巧，進步與不
進步的差別而已。

　逸仙是經過歐風美雨吹打的人，豈有不懂得
如上所述之差別和必要的道理？因此，他選擇了
醫學。惟在當時，我並不知道，他似乎並沒有意
料到醫學對於來日的革命運動會有所幫助；我更
不知道，當時他已以中國的高野長英（譯註二）
自居。（譯註三）

　現在，　逸仙又脫離永久奴隸的境遇，而爲
廣東醫學院的學生。不過他却仍然是洪秀全。他
對一切他所見到的人喋喋不休地談中國革命。而
他之談革命，不是爲義務、功名，而是出於自然
和天賦。因此，不分教師、學生、商賈、工人、
官吏，逸仙都跟他（她）談革命。他不問對方是
否贊成，是否瞭解。所以人都把他當做革命狂。
官吏也把他當成瘋子，一笑置之，並沒留意。但
他的同學裏頭，却有一個具有慧眼，舉止沈摯的
人。這個人經常熱心傾聽　逸仙的議論，同情和

尊敬　逸仙；但他自己却守口如瓶，從沒公開過他的主張。由於沒開誠布公談過話，因此　逸仙也不知道他是何許人。　逸仙雖以此人爲奇，但又深愛此人，不過却萬萬沒想到他是三合會的頭目，秘密結社的重要人物鄭弼臣；更沒意料到他日會跟他携手，一起從事革命。

當時，廣州有位名叫區鳳墀的基督教牧師。由於　逸仙是信徒，所以常在區牧師處去研究教理，和談論革命。而區牧師也很喜歡聽他的革命談話。不過並沒有要如何實行革命的具體計劃，而只是談談就算了，可是，後來　逸仙竟成爲實行革命計劃的總指揮，區鳳墀更以會計長的身份來幫助他的革命計劃。

世事有時多期而不至，不期而相逢，所謂偶然也。亦即人生的所謂奧秘，常常藏在這種偶然之中。因此，用意而不成，不用意而成者，天下多的是。而　逸仙之於鄭弼臣、區鳳墀不就是這種例子嗎？換句話說，當時，　逸仙之談革命，並不是爲了物色同志；而只是談其所好以快其心，並無意傳布革命主義。所以，也就不擇對象而談。而　逸仙之所以被目爲瘋子，其理由即在此。可是，鄭弼臣不但不視　逸仙爲瘋子，而且非常注意其言行，認爲他是將來有爲的人物。反此，　逸仙並無特別用意，不知鄭弼臣的心情，只認爲他是一個怪人。

區鳳墀是個老成的人。他喜歡聽　逸仙的革命論。他一看　逸仙，便相信他必定成器。區鳳墀且能守密，可是無用意的　逸仙却不知道區鳳墀的心境，而只說其所欲說。要之，當時的　逸仙是中國革命的預言者；而四、五年後的革命黨

的　孫逸仙，也許連他本人也沒有意料到會有這種結果。　逸仙到廣東醫學堂來，已經獲得了兩個重要同志而不知。

廣東醫學堂，在當時還沒採取純粹的歐洲教育法，而施行一半的中國教育。　逸仙討厭這種制度。他的腦海裏，充滿了文明的學術的求知慾。由於沒有更理想的醫學院，只有先在這裏談革命以打發歲月，一年之後，聞知香港也設立了一所醫學院，遂轉學到香港。

香港醫學堂是博濟醫院附設的，由康德黎博士主持，旅港的主要洋醫皆在此校執教，設備良好，決非廣東醫學堂所能比。　逸仙非常喜歡這所學府。可惜，他是個貧農的兒子，他在廣東求學時，家中每月只給他六元；其在夏威夷的哥哥，以其為基督教徒，而不肯資助。這樣，他好不容易在廣東念了一年書。但是，香港物價昂貴，六元不可能維持一個月的生活。可是又不能求援於他的老家。於是一方面商得朋友的幫助，另方面在學校做事，才得以繼續其研究。不過在香港醫學堂，他却仍然是預言的革命論的主張者。不，他之成為革命先鋒的要素，實形成於在此校的後半期。

逸仙先生曾經對我談當時的情況說：「我轉到香港醫學院之後，不出兩年，便在學校找到三個革命同志：尤列、陳少白和楊鶴齡。這三個人皆贊成我的主張，因此有空就放言高談革命，且不怕為人聽到。我們共同起居，親如兄弟，緊為結合，成為一體，人稱之為『四大寇』。當時，鄭弼臣尚留在廣東醫學堂。他有時候來參加這四大寇，由於交情日密，始知其為三合會頭目的一份子，經由他，得知中國以往秘密結社的內幕，這對我的實行革命計劃有過很大的幫助。這等於說，我由談論革命的時代進入實行革命的時代的動機，鄭君的貢獻很大。」

陳少白君曾經對我說明當時的情況說：「我跟逸仙是同學，他常常以謂謂之辯提倡革命主義。由此我也有些心得。我倆終於誓爲肝膽相照的同志。當時我所以佩服他，不是因爲他的謂謂之辯，而是他的膽量。那時，他以自己的勞力，賺得學費以外的金錢，而以此金錢，請任何在他周圍的人到飯館去大吃山珍海味，高談濶論，自以爲快；化光了金錢，則不出校門一步，日夜用功，似完全與世無涉。因此而贏得大家的敬佩。」

人人愛金錢，故雖富者也不願意亂花。人所以願意散財，是因爲他有更喜愛的東西。如好喝酒，愛美人者，一夜之間雖擲千金亦在所不惜，然而對於天下有用之事，就是十金也捨不得放手。反此，逸仙先生却是個窮學生，可是當他有錢的時候，則不分彼此，請周圍的同學去吃山珍海味，放言高論；沒錢時，便以書本爲友，與世隔絕。其心情是何等濶大，何等崇高！而其所愛者，革命也，其所好者，大義也。他以談其所愛，論其所好爲無上之快樂，決無他意。但在這過程中，他竟獲得了萬金難得的知己，而這不外乎是偶然的結果。果爾，逸仙先生的宗教信念是什麼呢？

舉凡少年時代的宗教思想，大多是由感情的刺激而來，鮮有從理性的判斷而來者；因此，隨理性的發達，往往在其半途會動搖其信念。逸仙似乎也經歷了這種過程。他曾經對我說：「我對基督教的信念，隨科學的研究而逐漸減退。我在香港醫學院求學期間，覺得基督教的理論缺乏邏輯，因而開始閱讀哲學書。當時，我的信念相當傾向於進化論，可是又沒完全放棄基督教。」然則他現在的信念是什麼呢？這將留待以後說明。

逸仙先生在香港醫學院苦讀五年，並繼續過着革命的預言者的生活，以優等畢業，獲得了「外科醫學畢業生」的資格(證書)，踏進了社會。

開創醫院與廣東起義

獲得「外科醫學畢業生」資格的　孫逸仙，來到有樂園之稱的澳門設立了一所醫院。他在當地醫院工作的中國朋友，競相給予便利，除另闢一室作醫院外，更給他一套藥劑機器和特權，使他能夠充分地自由發揮其才能。朋友之可貴在此。

可是，朋友又不是那麼容易交得。你有意與其交朋友，但是，對方不一定有興趣。若有所企圖而欲與人建交，對方一定更疏遠你。所以重要的是坦誠，是氣概。只有像　逸仙這樣的人，才能夠容易獲得眞正的朋友。

逸仙已經脫離了少年時代的疑問。他從永久奴隸的舊境遇，一變而爲獨立自主的國民。並且，他仍然是「洪秀全」。他做爲一個醫生的聲譽與日俱增；同時，做爲洪秀全的名望也日隆。他以其醫生的名望，爲富豪所歡迎。他勤於看病、治療和賺錢，也勤於談革命。他的仁心醫術，爲勞工社會所尊重。對於勞動者，他免費診治，甚至於予以金錢上的援助，並耳語革命。

由此，他的聲望和勢力有如旭日東昇。這種勢力之增長，實在遠超出他所想像的範圍之外。此時，大事已大體就緒了。老同學又是革命之友的鄭弼臣、尤烈和陳少白都來援助，不僅援助醫務，更援助革命。他們的感情非常融洽，彼此有默契。他們開始了遊說；運動很秘密地在進行。他們的勢力普及廣東、香港一帶。此時突然發生了一個難題，就是葡萄牙醫生的嫉妒和圍攻。

根據葡萄牙的法律，非得其政府認可的證件，不得在其領土內行醫。不但不得行醫，而且連調劑的資格也沒有。 逸仙之能在澳門開設醫院，完全是靠朋友的幫助。

不過，人類是競爭的動物。這種競爭，尤其在不同人種之間爲甚。而葡萄牙政府當局和 逸仙的朋友們之所以給 逸仙特別的方便，乃是基於你這個中國人能做什麼這種輕視的觀念。可是，結果却與事實相反。他們看到 逸仙開刀的手腕，大爲驚愕，更吃驚於 逸仙的「生意」。他們的患者愈來愈少，而 逸仙的患者却愈來愈多。此時， 逸仙名符其實地享譽全島。他們在醫學戰場上完全給 逸仙打敗了。因此，競爭的動物遂變成了嫉妒的動物。他們爲了剝奪他們所給與的特權和方便，便向澳門政府陳情。澳門政府轉達了 逸仙，於是跟其他同志，遂不得不搬到廣州。

遷到廣州的 逸仙及其同志們表面上行醫，實際上是在從事革命運動。他們在中流社會和勞工社會已經獲得了不少同志。透過鄭弼臣，且與三合會聯絡上了，剩下的只是跟政府官員的關係。於是他們便開始向陸海軍軍中動腦筋。

俄國的文豪會經說：「在俄國政府治下，滿意者只有森林。」由於俄國的山禿了頭，完全沒有樹木了，所以這個文豪才這樣說。我認為：「在今日清政府治下， 滿意者只有總督。」 其總督，在地方上擁有無上的權力。至於其他小吏，他們固然可以宰割其下級官吏，但同時又為其上司所魚肉，因此也深覺不滿。何況稍微懂得事理的人？當然， 逸仙及其同志們曉得這種實際情形，所以他們便一方面假三合會之手和陸軍的幹部取得聯絡，另方面對於曾經出洋懂得外國情況的海軍軍人遊說革命主義。

如此這般，獲得了許多同志的他們，終於到達了組織團體的階段；乃召開秘密會議 ，制定綱領，公推 孫逸仙為領袖，命名該團體為興中會。

興中會成立以後，廣東方面的聯絡工作大有進展。不過他們的目的並不在於廣東的革命，而在於中國的革命。因此，為了擴大聯絡工作，逸仙遂出去遊說。到了天津之後，他得悉中日談判破裂，雙方干戈相見的消息。是時他破顏微笑說：「不可失此千載難逢的機會。」於是匆匆離開天津到了上海，由上海而日本，而夏威夷。

抵達了夏威夷的 逸仙，心裏想着什麼，是不言而喻的。他一向努力於結合人員和革命。今日他們不但已經得到了許多同志，而且指揮官、參謀、行政官都在扼手等著時機的到來和革命所必需的武器。現在時機竟突然從天上掉下來了，因此所缺的只是武器。事實上，縱令有幾百萬同志，如果沒有武器，革命是無從發起的。但武器需要金錢。若是， 逸仙將怎麼辦呢？

俄國虛無黨名人斯特法諾克（Slepnyak）說：「我黨一切運動需要秘密。但秘密運動需要一般人所不能想像的大量金錢。這是我黨所最焦心者，而吝嗇費用的一切計劃統統歸於失敗。」不只是虛無黨，一切秘密運動皆然。可是，逸仙的秘密團體，在金錢方面，問題却比較不那麼嚴重。這意味着他富有嗎？當然不是的。他雖然在澳門行醫賺了不少錢，但他却右手拿到錢，左手把它用掉了。因此他仍然是個窮「洪秀全」，一點儲蓄也沒有。

逸仙雖然毫無儲蓄，但散居世界各地的富有的同情者，却紛紛自告奮勇地爲他解囊。這些富有的同情者是誰呢？就是出洋謀生的僑商們。

中國人之中，出洋謀生者數以萬計，尤以廣東人佔多數。這些商人，比起在國內，其生命財產安固。上既沒有暴官的貪汚、壓迫，下也沒有偷賊、強盜的慘毒。可是，他們却也有國人所不能想像的痛苦。什麼痛苦呢？就是外國人的欺侮、凌辱。對此，凡是有血液在其肢體循環的人，誰能不憤慨？

並且，他們又經常接觸歐美的文化。因此深覺祖國現狀完全不能與歐美者同日而語。既感覺，想改善它，乃是人情之常。如果他（她）自己不敢站出來，也一定切望英雄的出現。

逸仙很懂得此間的情形，並早已有所聯絡，因此欲應他們的期待，才有出洋之舉。我在南洋，曾經認識了鄧某。鄧君是夏威夷的巨賈，讚成逸仙的計劃，所以將其全部財產捐給廣東的起義。鄧君摸着他的禿頭說：「我爲革命捐出我全部財產，現在只剩下這個老軀。我的生命似已不長，我不敢奢望太多，只希望能捐此老軀於革命的奔流，雖死猶榮。」鄧君雖屬於商界的「珍品」，但只要這種富有的同情者存在一天，中國革命決非困難的事業。

逸仙不僅在外洋擁有富有的同情者，在香港、廣東等地也擁有這種同情者。金錢問題在大體上既然獲得解決，剩下的只是武器的問題。他們將怎樣去籌武器呢？

輸入武器，需要非常高度的秘密，自不待言。惟香港爲一個自由貿易港口，沒有海關，因此也就不必檢查貨物，這是求之不得的一件事。於是從夏威夷回來的 逸仙，便到香港去著手購買武器。

購買武器本身並沒有多大困難。惟它屬於秘密買賣，所以商人常乘此機會貪圖暴利。擁有富有的同情者的 逸仙，以滿足他們利慾的方法購得了武器，留下來的就是如何把這些武器運到廣東的問題。

香港雖然是自由貿易港口，但是廣東却有森嚴的海關，查得非常嚴，因此要破此難關實在是一大問題。在這裏，我不能詳述其運輸經過，而只指出六千多支步槍、子彈和許多炸彈已經堆積在廣州他們的總部這個事實，以避免有洩漏秘密之嫌。他們爲完成這項工作，曾經化費了六個多月的時間，由此當可想見他們用心之苦的一斑。

既然有人了，武器也有了，而且時機也逐漸在成熟。現在只有等著揭竿而起。

逸仙最初的計劃是，精選一百個幹員，一夜之內殺死總督以下的長官，與天亮之同時宣佈新政，以安民心，除臨時民政府外，又駐紮一部份海陸軍，右手牽領密通的官兵，左手牽革命軍，直搗中原。可是，事實却與初期的計劃相左，亦即大勢使　逸仙不得不變更其計劃。

中日戰爭大大地幫助了革命勢力的活動。尤其是滿軍的敗報，動搖了一般人民和官兵的信心，從而使他們紛紛加入秘密團體。這正是所謂大勢。這是欲阻止而阻止不了的。這些人在附近的酒樓形成一團，大談革命，或在飯館會飲，猛叫「造反」。於是滿清官吏便逐漸開始警戒了。因此，　逸仙等遂陷於有如在火山口上實行其計劃的困境。

這裏有兩三件事情更使民衆憤怒。當時，因爲中日戰爭已經結束，所以大部份官兵皆被迫退伍。被迫退伍的他們，頓時變成了無所事事的游民，因此生活發生了問題，隨之產生了許多不滿。於是他們喊說：「全部退伍，否則全部入伍。」政府當局對此採取了充耳不聞的政策。他們的不滿因而達到了無可挽救的程度。如此這般，他們便陸陸續續地投進了革命的陣營。

不久，便是兩廣總督李範長（瀚章，係李鴻章的長兄）的生日。可憐的官吏們，爲了迎合其長官，奉送其長官所好的東西，用盡各種手段，以搜括民財。據說，當時他們所搜括的民財總額竟達兩百萬元。他們對於富商強奪其財物姑且不論，以五百元公開出賣學位這件事，使文弱之士認爲被窺視其爲「秀才造反，三年不成」而怒髮冲冠。

情勢既如上述，而這等於是薪上加油，因此只要用一根火柴便可以點上革命之烽火。酒樓、飯館愈來愈熱鬧。而且，連一般羣衆也來會館討論時局和因應的方法。這時，穿便衣的一隊警察在街上行劫。義憤填膺的羣衆，遂把他們拘禁於會館。而爲了搶救他們的同事，另外一隊警察包圍了會館。於是雙方開始搏鬬。羣衆與秘密團體成爲一團。他們派代表前往官邸請願。政府當局答說：「你們的行爲是恐嚇長官，我視你們爲造反。」因而政府官員逮捕了再度前來請願者，並趕回其餘的人。因此革命的暗流與日俱急。其勢殊不可擋。

逸仙最初的計劃，既如上述。而爲貫徹其初衷，他曾經費盡苦心。並且大勢有如潮水般湧來。他知道欲順此潮流以達到其目的之不可能。因此，決定採取正面攻取廣東省城的政策。

革命大本營設在廣東省城的中央。逸仙以下參謀皆集合於此。他們先決定發難的時間，並決定將革命軍分爲三個隊，一隊由汕頭，一隊從河西，最後一隊做爲援軍，由香港於所定時刻攻進省城，而在省城的同志亦將同時武裝響應。如果清軍由汕頭或河西，或從這兩處同時出來迎擊，省城的同志和香港的援軍，將乘其虛而進攻省城。這是他們計劃的梗概。

所定時刻已經迫近。南軍進到離城市四個小時之行程的地方，從那裏再派三十來人的走行隊到省城去報告隔天的準備。革命總部復傳萬事，以待時間的到來。此時，行進隊停止，革命總部收到革命運動已經沒有關係這種意思的電文。旋即得悉參謀陸皓東在街上被捕的消息。繼之得到清兵探悉革命總部的所在並將來攻的報告。總部的幹部開始驚慌了，逸仙也知道事之不可爲。

於是命令部下各走各的路，他自己留下來，督促部屬電告香港事情已洩漏，燒掉文書，隱匿武器，然後跟鄭弼臣離開總部，乘人馬之雜沓而至河口，搭乘輪船到澳門，停留一天一夜之後，再乘輪船抵達香港。而不幸的是，香港四百的援軍，在事情洩漏的電報送到的數分前，已經航行出發了。懷着滿腔熱情和希望的他們，到達廣州碼頭的瞬間，其命運便註定了。此隊的幹部朱貴全、邱四維當場被捕，不日且被殘殺。如此這般，大事已去。

對於秘密結社，馬基維利曾說：「因爲多數而毀事，但少數却無用。」這是一針見血之論。如果實施逸仙最初的少人數計劃，或大事已經就緒了也說不定。可是，大勢却使他們派更多的同志。因此發生了步調不一致的困難。且民氣不可抑制，遂迫使革命黨不得不採取第二策，因而失敗。這是所謂因爲多數而毀事乎？惟　逸仙未死，所以不能說大事完全已去。

鄭弼臣曾經對我說：「我眞的非常佩服孫先生的氣概、見識和度量。至於他的膽量，一直到事情失敗當時的舉動我才知道。當革命總部接到行進軍與革命軍毫無關係的電報的時候，大家都慌了。下來，得到陸皓東被捕的消息後，人人皆失色。但　孫先生却命令部下逃開，而留我與其督餉部下隱匿武器，親自給各地方寫電文，通告省城內主要的各同志，燒燬重要文書，打掃總部，然後從容不迫地才跟我離開，他這種全身是膽的沉着，的確是難能而可貴。我起初非常着急，並曾經想『溜之大吉』，但目見他泰然的舉動，而竟忘記了我已身的危險。」由此可見逸仙膽量的一斑。

一八九五年十月的廣東起義，這樣終於失敗了。這是天不欲中國革命乎？抑或未盡人事耶？ 逸仙先生自己曾說：「多數敗事。我當時得到意料以上的勢力，而不知利導、駕馭之道，反而因此而失敗。」其言何等坦白天眞？西方人有言：「樸素爲英雄的本色。」 逸仙先生如是乎？他已經明白了他所不足的地方。因此何必痛心此舉之失敗？失敗爲經驗之資，經驗爲知識之本。是即天欲大成 逸仙，而日後的 孫逸仙可以爲證。

當時，他們發表了檄文。抄之以傳後世。（譯註四）

亡命與幽禁

九死一生逃至香港的 孫逸仙，訪問三、四位朋友之後，造訪乃師康德黎告訴其危險狀況，請問乃師意見，康師非常爲他躭憂，特別介紹達尼思律師（Mr. Dennis），要該律師辦理法律上判斷的手續。 逸仙銘謝乃師好意，晚上訪問了達尼思律師，說明事情的經過，並請教怎麼辦，達尼思勸他隨時離開爲上策，因此 逸仙連再去看康德黎的時間都沒有，就束裝與陳少白搭乘日輪，踏上亡命之途。

四天之事業一蹶，同志有的被捕，有的逃亡， 逸仙自己亦托身異國輪船，遠離故國。英雄之感慨，不知若何？與陳少白接坐一室，談過去，說未來，互勉來日，不知不覺之間輪船便到達神戶。

他倆在神戶停留了兩天，然後抵達橫濱，在橫濱割掉辮子，穿上西服，而變成了純然的洋紳士。

當時，他倆還沒有日本朋友，只聞知康師的朋友同時又是牧師的英國人某某在橫濱。他倆訪問了這位牧師，頗受款待，經由該牧師的介紹，認識了一位日本牧師。

陳少白決定暫留橫濱，　逸仙則隻身到夏威夷，和定居夏威夷。由於他母親、哥哥住在夏威夷，加以他的夫人和兒子也都來夏威夷，所以夏威夷幾乎成爲了他的第二故鄉。

有一天，　逸仙正在火奴魯魯街上散步的時候，突然有叫他名字的女人聲音，回頭一看，好像是日本乳母，抱着小孩。她用着日語喋喋不休，但　逸仙却聽不懂。於是，她以似知道逸仙非日人的態度，而紅着臉向他道歉，可是，逸仙却仍然瞪着她，結果發現她是康德黎老師的下女。接踵而來的男女竟是康師伉儷。這是何等的奇遇！由於　逸仙的改裝，他們未能認出他是誰。這又是何等的奇緣！他們是回國途中經過夏威夷的。　逸仙和他們的高興，不言而喻。

佛教徒經常說因緣。但我却從未體驗過它的眞意。世上往往除了自然法則之外，有所謂偶然的機會，亦即會產生一個機會接上另一個機會。而　逸仙之於康德黎就是這個例子。當時，　逸仙那裏能意料到將在英國被難？更不可能意料到會因爲康師的幫助而脫離虎口。因此，我認爲所謂因緣乃是偶然的機會的連續。不對嗎？

逸仙在夏威夷呆了半年多，後到舊金山，逗留月餘，在那裏大事鼓吹革命，頗受僑胞歡迎和款待；然後考察了美國大小都市兩三個月，爾後到了倫敦，是爲一八九六年。

逸仙脚踏歐美的土地之後，到處的報紙競相刊載他的經歷、主張和照片，以讚賞具有新思想但却出生在老帝國的這個革命亡命客的人物。當時，我的大哥在美國，大哥知道我和二哥彌藏有志於中國革命，因此寄來了有關報導 逸仙的英文報紙，並附註說：「中國雖衰，但尚有這種人物。此事足以安慰和鼓勵我們。你們到中國之日或不遠。那時，應該物色革命黨人物與之締交。他們不只是中國最進步的黨，而且可能是亞洲最進步的黨。」是時，爲了奠定到中國的基礎，我正在泰國。而爲了同樣的理由，二哥在橫濱中國商館工作，並且已經認識了陳少白。這是我認識逸仙的間接線索。

到達倫敦以後的 逸仙，先住在河邊街的一家旅館，隔天拜訪了位於波德蘭街的康德黎宅。逸仙今日以亡命的身份在乃師故國與其師相見，不知其感慨如何？康德黎夫婦有如迎接其愛兒由遠方歸來般地款待了他 。旋旣遷至康德黎 宅附近，日日來往，過着愉快的生活。

逸仙現在棲身於世界大都市的中心。觸目之一切事物，無一不新奇。一個人坐、兩個人坐、三個人坐、四個人坐的馬車和公共馬車的長龍；指揮着交通的警察的手勢之妙；世界各樣人種的通行；建築物之雄偉；公路之完備；博物館、圖書館、公園等等，皆使此萬里孤客驚心。

初遊歐美的東方人，皆驚奇於 其物質的進步。見歐美物質之進步而驚奇是 無可厚非的，但是， 如果因爲驚奇而醉心， 從而蔑視自己的國家，那就錯了。爲什麼會醉心和蔑視自己國家呢？是因爲自己沒有本領的緣故。如果有本領，就是驚奇也不失其本領。他必定取對方之長以補自己之短，俾增進其本領。而　逸仙就是這種人。他早已有不可移易的主張和信念。因此雖驚奇於英國的繁榮和各種建設，但却瞧不起英國的政治組織。英國的政治，皆由人民行之，是爲實際的民主國家。可是，帝王却在人民之上佔着虛位。英國人說，這是尊重習慣。　逸仙重視政理，尊崇人權。所以，他蔑視英國政治，學習美國和法國的政治。

在政治問題和人生問題方面，　逸仙已有其本領。因此舉凡入其耳目者，皆取之以助長他的本領。所以他研究物質進步的狀況，俾應用於革命後的中國，以及酌量取捨。而能够安慰亡命異邦的旅情者，也只是研究和康德黎夫婦的厚誼而已。

此時，　逸仙在香港學醫時候的另一位老師孟生博士也回到了倫敦，因此，有時候也訪問這位老師重溫舊夢。如此這般，　逸仙每天仍然過着快樂的日子。所以完全不知道他的身邊埋伏着禍機。

清朝駐美公使是個守舊派人物。因此當　逸仙啓程赴英的時候，他便電囑清朝駐英公使逮捕逸仙。惟事若爲英國政府知悉，勢必引起其干涉，不能達到目的，因此採取極其秘密的手段進行。當時，　逸仙不知道有此陰謀詭計。

在英國國土內，尤其是在其首都，清國公使館幽禁了政治犯。這簡直是侵犯英國的國權，勢必引起英國政府的干涉毫無疑問，而正因爲清國公使館知道這一點，所以很秘密地進行　逸仙的幽禁，因此英國政府和他的朋友們都不知道這件事的發生。而　逸仙之絞盡腦漿欲告知外間以此事的苦心，自不難想見。由於　逸仙非凡的苦心，終於感動了柯爾的心坎，從而促使其告知康德黎，　逸仙被幽禁的事實。

得悉這個駭人聽聞之事實的康德黎夫婦和孟生博士如何展開他們的營救活動呢？　逸仙的「倫敦被難記」的重點在此。他詳述了他們營救他的經過。而我自己也覺得敍述這些英國人的義俠行動部份最爲精采。惟該書篇幅有限，所以他只記述他們在那幾天，無暇解其衣着，向警察交涉，投書「倫敦時報」，搜索馬凱尼的住宅，看守將要載運　逸仙的輪船，進而要求英國政府與清國公使館交涉等事。當然被幽禁的　逸仙是不知道外間這些運動的，迨至十月二十二日（星期四），柯爾拿來「地球報」（The Grobe），看到它寫著「可驚可駭之新聞」，「革命家被誘於倫敦」，「公使館之拘囚」等標題時，才知道他的生命還有一線希望。但是，仍然不知道何時可以重獲自由。

十月二十三日，星期五。逸仙依然是幽囚之人。中午前，英國人和中國人和監守者進來說，馬凱尼希望跟他見面，因而叫他穿長靴，帶帽子，和着大衣。他頗爲驚惑，以爲外間營救運動激烈，要將他移到另外一個房間。他們把他帶到地下室，在那裏，　逸仙却看到了康德黎和另外一個人。這個人是英國外交部派來的偵探長，喬福斯。馬凱尼把沒收的各種東西還給　逸仙，然後望着喬福斯說：「予今以此人交付君等，予之爲此，期在使本公使館之特別主權及外交權利，兩不受損。」同時對　逸仙宣告說：「從今汝為自由人。」這是何等失禮之言！可是，由於朋友們和英國政府的盡力，而九死一生的孫逸仙，却未對其提出任何抗議。 逸仙遂由偵探長保衛，偕其師友們，由後門離開了公使館。

在外邊，為 逸仙準備好的馬車周圍，人山人海。為了聽取被拘禁的詳細經過，新聞記者們想把 逸仙帶走。 逸仙一行好不容易脫圍，而駕車到蘇格蘭場的一家旅館。在那裏有十幾位記者等着他。他們的機敏確是驚人。 逸仙談了被拘禁之經過的梗概；記者們想再追問。康德黎乘機把 逸仙帶回到他家裏，此時 逸仙才名符其實地成為自由人。

而為了感謝英國政府和英國朋友的好意， 逸仙將其被拘禁經過用英文寫出來， 題名 Sun Yat-Sen: Kidnapped in London. 發表，然後離開英倫，隻身飄然向日本出發，時為一八九七年某月。（譯註五）

一九七四年十一月二十二日於東京

（譯註一）吉田松蔭，一八三〇——一八五九，現今山口縣人，教育家。伊藤博文、山縣有朋等的老師。因欲暗殺幕府要人而被捕並處死刑。

（譯註二）高野長英，一八〇四——一八五〇，醫生，曾因反對幕府政策被處無期徒刑，後乘失火脫獄，並從事醫學方面書籍的翻譯，日後被幕府官吏襲擊而自殺。

（譯註三）全集編者註說：「在草稿欄外，用紅筆字『註曰，高野長英者，日本開國之魁，孫君自稱日高野長雄』和『高野長英者，維新前日本開國論之率先者也，彼學蘭醫則與孫君相似其趣，故孫君時自稱日高野長雄。』」

（譯註四）根據全集編註，原稿上並沒有是項檄文。而根據馮自由著「革命逸史」初集，興中會討滿檄文係由朱淇所起草，可是印好的檄文，起事前被發覺，因此統統毀棄，底稿也遺失了。

（譯註五）此文乃是宮崎滔天的遺稿，從未發表過，所以不知道作於何時。「宮崎滔天全集」第一卷初次發表這篇文章。

（傳記文學社編者註）原作者於此引述　國父所著「倫敦被難記」中之「被誘狀況」、「被禁詳情」及「幽囚求援」等部份，與中譯本稍有出入，自應以中譯本為準。請參見「國父全集」，此處從略。

（譯自「宮崎滔天全集」第一卷）

（原載一九七五年三、四月號臺北「傳記文學」）

三、孫逸仙其仁如天

宮崎滔天

孫逸仙先生是一代的大人物。很慚愧，在今日日本還沒有能夠跟他相比的人物。無論在學問、見識、抱負、膽力、忠誠、和操守，他都比今日的任何日本人高超一等。惟有在數十年如一日地貫徹其清廉這一點，犬養毅始能跟他比肩。日後的歷史家，如果要用成語來評估　孫先生的話，我堅信他們將說：其仁如天，其智如地。

世上雖也有在懷疑　孫先生的勇氣的人，但他的勇敢，亦決非普通人所能及。這裏有個非常有趣的證據。這是三合會的頭目鄭弼臣告訴我的。原來，三合會、哥老會等秘密結社的人，都是不學文盲之徒。俗語有言，書以能寫姓名爲已足，但這種人實在連自己的名字也都不會寫。惟其頭目裏頭，有稍微懂得作詩者而已，而鄭弼臣乃是　孫先生的同學，但鄭却從來不用功。對於鄭弼臣有一齣笑話。

鄭弼臣來日本的時候，曾經帶一個女人來找我。當時我住在東京市芝愛宕下的對陽館，而跟中國革命黨和日本的怪傑有許多來往。鄭弼臣對我說：「我帶來了小姐，請你幫幫忙找個地方住個兩三天。不管誰來找，請告訴他我不在這裏，尤其對　孫先生請特別守秘密。」

我生來就是好酒好色的人，鄭弼臣大概看中了這點所以才來找我設法。我說「好吧好吧」，而把他們帶到密室去。可是這位仁兄，把門一關竟睡了三天三夜未出門一步。我問旅館的老板娘他怎麼吃飯的，老板娘大笑地說，他睡着吃。

到了第三天， 孫先生到我這裏來找鄭弼臣。我說他不在這裏， 孫先生却說「宮崎先生，請讓我跟他見面吧」。 孫先生並說，他有很重要的事要跟鄭弼臣商量，他到處找了兩三天，都找不到他；鄭弼臣的去處差不多是一定的，所以他平常都能找到鄭弼臣，惟有這次沒找到；除非到這裏，鄭弼臣是沒有旁的地方可去的。

鄭弼臣要我守秘密，但我又覺得 孫先生的事情好像很重要。不得已，我便向 孫先生說：「 孫先生我可以告訴您，但請您不要責備鄭先生」。 孫先生說：「不會的，我對於鄭先生這個人是非常了解的」。於是 孫先生跟着我到後面那密室去。

我大聲喊「鄭先生」，他問「什麼事」，並起來開門。我的個子高大， 孫先生矮小， 孫先生跟着我後面，鄭弼臣起初沒看見。而當鄭弼臣起床時，忽然看見從我後面伸出頭來的 孫先生，於是說了一聲「啊！」又上床並用棉被蓋住全身。

孫先生遂上來，在棉被上輕輕地敲着並喊「鄭先生」，鄭先生則愈藏愈深，於是 孫先生想從脚底那一邊把棉被掀起來，聽見了小姐大聲喊叫。後來我們曾笑說，這時的鄭弼臣眞是可愛。總之， 孫先生把鄭弼臣喊起來，鄭先生邊穿衣服，邊用中國話跟 孫先生談，並匆匆忙忙地一道出去。

現在言歸正傳，我曾向這個鄭弼臣問說：「

你爲什麼這樣佩服　孫先生？」他說：「因爲一件事，我眞佩服他佩服得五體投地。從那件事以來，我不但願爲他效犬馬之勞，甚至把生命獻給他也在所不惜。就在一八九六年，我們曾經準備起事。當時的軍司令官是陸皓東，惟在起義前夕，機密洩漏而受清軍圍攻，陸皓東因此被捕。陸皓東的部下，跑來報告，並要　孫先生趕快逃難。陳少白先生聽了，馬上跑出去。而我也緊張得起坐不定。可是　孫先生卻處之泰然，並要我們不慌不忙。他說，我們應該先把與同志們聯絡的電文和名單統統燒掉，然後把炸彈藏起來。第二天將從香港來五百援兵，如果不趕緊通知他們的話，這些同志將被一網打盡，所以遂給他們打「請勿來」的電報。打完了電報，　孫先生要大家吃飯。飯後，他跟工人互換衣服穿，而悄悄地走到碼頭去跟羣衆混爲一團。中國的碼頭，人多得不得了，只要混進這個地方，可以說已進了安全地帶。　孫先生從此到澳門，由澳門再到日本，而至美國。這是　孫先生二十八歲時候的事情，我實在佩服他臨大難仍能從容、機智地處置，因此相信惟有他才能完成革命的大業。」

在今日，　孫逸仙先生的聲望雖然響遍世界，境遇亦有非常的變化，惟過去因爲立場的關係非暗地策劃一切不可，所以有些人遂以爲　孫先生沒有打第一線的勇氣，但這是由於不懂得一九〇八年鎮南關一役實情而有的胡說。

當時　孫先生就是站在第一線指揮和參加戰鬪的。黃興親自告訴我說：「我打得很準確，當時　孫先生也要射擊，我說太危險了，請您不要出去，但他卻偏偏要出去打。而且打得很準。一會兒，有人受了傷。 孫先生便到離開三百多公尺的地方去打水；給負傷者裹傷， 孫先生立刻又做了護士長，忙得很。」而 孫先生之志在戰場，只要看他精研中外兵書即可了解。單是拿破崙傳，他就看了幾十本。當然，這些都是爲了研究戰術用的。我曾經把 孫先生介紹給日本某軍官，日後這位軍官讚嘆說：「 孫先生是位了不起的戰術專家。」

　不特有關戰爭的書，哲學、政治、經濟等方面的書他也都看。說實在話，他每天勤於看書，除非人家向他開口，他是絕少自動啓口與人閒談的。因此就是在任何嘈雜的地方，他也照樣可以看書。好像看書是他唯一的人生嗜好似的。關於這一點，這裏有一個頗爲有趣的故事。

　有一天犬養毅問 孫先生說：「您最喜歡的是什麼？」 孫先生毫無猶豫地答說"revolution"（革命）。「您喜歡革命，這是誰都知道的，除此而外，您最喜歡什麼？」 孫先生邊看犬養毅夫人，邊笑而不答。犬養毅再催問說：「答答看罷」。 孫先生答說："woman"（女人）。犬養拍着手說：「很好」，並問：「再其次呢？」"book"（書）。「這是很老實的說法。我以爲您最喜歡的是看書，結果您卻把女人排在看書前面。這是很有意思的。不過喜歡女人的並不只是您」，犬養毅哈哈大笑，並佩服 孫先生說道：「您這樣忍耐對於女人的愛好而拼命看書，實在了不起。」

　到了我們要好朋友的家裏， 孫先生是常說日本話的，並且有時候還會用日語說幽默話，不過他自己對於日本話沒有把握，所以對於傍的人他絕少說日本話，而喜歡講英語。我們跟　孫先生談話時，大多混用日語和英語，而時或會加些中國話。現在我想舉個他用日語說的幽默話的例子。

有一次，頭山滿曾經邀請　孫先生和陳少白到東京烏森桝田家。當時，新橋的一流藝妓幾乎動員在座。可是　孫先生却照常旣不喝酒，也不跟藝妓談笑，老是背靠柱子開始看他的書。頭山滿大概以爲　孫先生不會太有愛憎之念，因此問他說：「您覺得在座的女人那一個最漂亮？」孫先生看了看然後答說：「都很漂亮」。頭山再問：「但其中誰最漂亮？」　孫先生又答道：「都一樣地漂亮」。此時頭山指着坐在他旁邊的女人說：「是不是這個最漂亮？」這個女人是鼎鼎大名的「洗髮之御妻」，是第二次做藝妓，而跟頭山滿似已有些關係。頭山似乎在期待着　孫先生說「是」。然而　孫先生看了許久後卻說：「十年前一定比現在更漂亮。」大家都鼓掌歡笑，而「御妻」則說：「看那樣子很老實，但卻會說那麼刻薄的話。」

關於　孫先生不大懂日語的事，這裏有一個插曲。當時　孫先生住在橫濱，因爲有要緊的事，所以我給他打個「請馬上來」的電報。可是孫先生却遲通常所需要時間兩三個小時才來。陳少白問他爲什麼這樣慢，他說坐火車坐錯了（應該坐到東京的，　孫先生乘了往相反方向的火車）。陳少白說：「您不學日語，因此才會發生這種錯誤，請您學學日語罷。」　孫先生對此怒說：「我不是爲學日語而來日本的！」

孫先生籌募大量的革命資金，而對於其用途

又不便向所有黨員一一公佈，因而似有人懷疑孫先生假公濟私，過着奢侈的生活；其實這是不明瞭 孫先生之爲人者的猜測。若是爲了幫助窮苦的朋友們，或爲達到革命的目的， 孫先生是相當敢用錢的，但他自己的生活，却非常簡單而樸素，既不喝酒，不玩女人，更不花不必要的錢。有電車的地方，他一定坐電車；而就是要坐小包車，也是算得很精，從不隨便亂花。並且，不管天氣怎樣，他經常帶着大衣和洋傘走路，這樣，萬一下雨，他還是一樣可以去任何地方。

不特如此，他更關照他的朋友。當鎮南關之役失敗後，他前往新嘉坡，黃興仍然留在雲南起義。當時， 孫先生非常關心黃興的家屬，因爲黃家剩下的都是女性。因此 孫先生曾經從新嘉坡特別派人到國內去找黃興的家眷。起初沒找到，後來雖覓得，惟黃興太夫人不願意離開中國大陸而作罷。該時， 孫先生以爲黃家都是女性，如果只派男人去接的話，可能有許多不便，於是也加派了女同志一道去。 孫先生這樣關心朋友的眷屬，更如此處心積慮各種情況，確不愧爲革命黨的大領袖。 孫先生的優點長處，不勝枚舉。以上我只列其二三，以證其爲一代的大人物。

（譯自一九一一年十一月號日本「中央公論」）

（原載一九七一年四月號臺北「藝文誌」）

四、與革命黨領袖黃興一夕談

宮崎滔天

奇緣奇遇

湖南志士唐才常在長沙企圖東山再起失敗，後來在廣西之戰與 孫逸仙先生並肩指揮部隊攻取鎮南關，然後又被清軍奪去，隻身率領兩百士兵轉戰於各地達一年之久，爾後在雲南河口之役，指揮革命軍博得驍名的敗軍之將黃興，黃興曾經潛來日本甚久，但自從北京炸彈事件以後，盛傳他突然離開日本不知去向，可是我却在漫遊華南中偶然在某地邂逅他，與他握手言歡。做為一個記者，我確有義務很詳細地將其經過寫出來以饗讀者，惟因他們有他們的秘密，我有嚴守其秘密的義務，因此只能在可能的範圍內報導其經過。在此天下多事之秋，此項報導如能給讀者以一些參考，則屬記者的光榮。

暴徒與革命黨

關於湖南暴徒與革命黨是否有關係一節，議論紛紛，莫衷一是，但大多數的意見都認為有疑問。我曾問黃將軍以此事，他答說，我黨現今的勢力如何，現在不能明言，不過從今日的實際情況來說，既然還沒取得天下，自是沒有勢力的證據。這等於說，能說「有勢力」之日，就是取得天下之時。因此，現在不管我們怎樣大言壯語，說沒有勢力還是比較適當，而且也是事實。至於所謂湖南暴徒，乃是可憐的貧民的作亂，與我黨毫無關係。有些人認為我黨為了急於起事而不擇手段，利用一切，但這是不知我黨眞意者的說法，其實我黨是非常謹愼的。因為，這固然是由於我黨的主義所使然，其次就是深怕引起外國人的誤解。換句話說，不要說像義和團那樣排外，就是稍微被誤解我黨也具有排外思想，對我黨將是一種痛苦，也是件非常不利的事情。所以為了避免這種誤解，我們便採取了放過一切不純的機會的方針，因此最近雖然也曾經有過難得的機會，但我們却忍耐放過了它。總而言之，湖南長沙是我的故鄉，因為有去年的因緣，老百姓的印象還很不錯，因此許多人便認為不應該錯過這個機會，但我還是把他們制止了。而對於正在江蘇發生的作亂，我們也採取同樣的方針。惟麻煩的是，一連串的饑荒加以彗星接近了地球。饑荒與彗星，從以往的歷史來講，這已經足夠成為革命的材料。不特此，近年來，隨我黨的發展，我黨同志雌伏於各地以等待時機者衆，而不堪髀肉復生之嘆的同志們，動輒就要叫出俄國式的「到農民中去，到農民中去」的口號，想跟他們合流。而最近，要制止他們的這種蠢動，竟成為一件大事，因此，我在這樣熱的遠方，流着汗，天天躭心。對了，躭心是躭心，可是比起「我吹笛你們却不舞」的時代，當然要愉快得多。不過貴國日本由井民部之輔正雪的造反也是一樣，九成九厘計劃完成，但却只做到一成就告失敗，眞是可惜。如果只是事敗還無所謂，蠢動或將招來列國的干涉，從而導致國家的滅亡，因此我的躭憂與衆不同。不錯，躭心的內容確跟時勢的變遷也在變化，但躭心仍舊是躭心。我們或許可以這樣說，人生一輩子就是躭心的連續，不過我却希望我的躭心是愉快的躭心的連續。現在已經很接近於這個希望了，請爲我們高興吧。

北京炸彈事件

其次，我問了黃將軍有關炸彈事件，他愁然答說：「實在殺了可惜的人。你大約也知道，對於像俄國那樣上有神權的帝王和強有力的政府的人民，這樣做也許是不得已；但是擁有幼帝（宣統帝溥儀，當時只有五歲）和脆弱的政府的我們，本來是準備盡量避免無謂的殺生，等待時機，時機一到，便要一推就把它推倒的，那知在我黨中以沉着敦厚見稱的黃復生君，竟會做出那種事情，的確出乎人們意料之外。這是黃君違背黨的方針所做的事，所以當然事先沒有跟我們商量過。不過清政府沒殺黃君，處以無期徒刑，對雙方是有益的。因爲如果處死的話，他的崇拜者，勢必將血洗清政府」。說畢，黃將軍暗淚潸潸，我也不知不覺中低了頭。

廣東新舊兵的衝突

再次，我問黃將軍今年（一九一〇年）舊曆新年所發生有關新兵騷擾問題，他答說：「這是失策，非常可惜，只經過六天就失敗了。加以把很重要的同志大隊長倪炳章也犧牲了。本來的計劃是：決定於舊正月六號起事的，這時將動員三千三合會會員，而爲了跟外地同志做進一步的聯絡和研究，倪隊長於元旦出差某地。可是義憤壞膺的士兵，元旦那天大喝神酒，因此開始跟素與其反目的巡警發生了衝突。傳令跑去報告倪隊長；倪隊長雖然趕回來安撫，但已經不可收拾了。騎虎之勢不可阻，不得已遂起兵，可是却因子彈不够，一個人只能分到四顆。倪隊長要他的部下儘量節省子彈，並站在最前頭統率部隊，這時清提督李準的機關砲向倪隊長開砲了，倪隊長當場倒下，其部下也隨之四處潰散。不過這些部下，現在又在某地集合組織團體正在待命，所以將來他們必有爲倪隊長報仇的一天。要使他們有這樣的一天，是我們的責任，也是我們的義務。儘管李準能先發制人，防其禍於未然，但他却面臨著新兵對革命黨的問題。一般人推測新兵的後盾是革命黨；並且清政府也這樣懷疑，所以正在審理這個問題。清總督雖然拼命地在否認新兵與革命黨的關係，但他們却在擄獲品中發現炸彈和許多革命黨的軍旗。事實如此，清政府還在那裏詭辯，說這兩者之間一點關係也沒有，胡扯把白的說成黑的，把黑的說成白的，眞是笑話！」

革命黨與清軍

再其次，我藉前述廣東新軍的騷擾，進一步問了革命黨與清軍的關係。他慢慢地開口答說：「去年萍鄉之亂時，前往鎭壓的軍隊，曾經把鎗交給『叛徒』；廣西事件和雲南事件的時候，皆得到清軍的內應；至於清軍的單獨運動則有安徽事件和上個月的江蘇事件，由此當可知其一斑。這實在是我黨的一大進步，而我們之所以對於廣東的失敗不但不悲觀，反而對於前途非常樂觀的理由在此。尤其是，鑒於過去數次的失敗，我們已經領取了寶貴的教訓，因此我深信以後我們不會再有這種失敗。」

革命黨與列國

最後，我知道他們在日本時，常爲日警的跟踪所困擾，所以我特別問他，他們在英國殖民地和法國領土時，英法政府當局對他們的態度如何，他笑着答說：「貴國的警察不愧爲世界第一，因爲他們無處不到，無空不入。特別是，西園寺前內閣，現在的桂內閣似更厲害。當然這也並沒有什麼不對；不過這樣做，也得浪費不少錢。至於英法的殖民地，在某些地方，他們取締得很嚴，但在某些方面則完全採取放任主義，譬如像我們這種『通緝犯』，到英法殖民地便變成自由民。在法國領土時，我曾被誤認爲貴國人，曾發生些麻煩，後來知道我是中國人，而且是革命黨員，又受到很大的優待，因而大壯其志。英國是貴國的同盟國，對貴國人有好感，自不會以法國當局的那種猜疑心對待貴國人，同時，對我們和貴國人也不會跟踪或者找任何麻煩。英國人實在不愧爲大國民。我想，他們也許沒有把我們放在眼裏。但這並不意味着貴國人是小國民。正因爲貴國把我們看得很大，所以特別注意我們的一舉一動，這點我們是很感謝的，不過貴國對我們的注意，如果太過度的話，必引起彼此的麻煩。最近，主要的同志都已經離開貴國，到其他各地去了，自不會再增加貴國的麻煩；不過人的感情是很微妙的東西，久呆了以後，或多多少少受了感化，我們總非常懷念同文同種的日本。你回國以後，請你告知貴國仁人志士，如果不幸我革命黨不能打倒清朝，清朝亦不能自保太久，請能著眼這點，趕訂國策。固然，日本政府無法忽視清朝，但日本國民則必須另求立場，否則將貽悔於百年之後。這雖似杞人之憂，但這是我的由衷之情。」

餘錄

會談數日，我聽了許多關於過去、現在和未來的事，尤其見到從西方、南方，迢遙萬里不約而同地來的跟我來往多年的革命志士，更覺革命運動之澎湃。我們圍着桌子，高談暢論，蔚然成爲文明世界的另一處梁山泊，令人熱血沸騰，衆志高揚，惟這些也均屬於秘密，恕不能詳述。至於　孫逸仙先生的現況，亦屬於天機之事，將來等其成爲事實時再來喚起讀者諸君的記憶。

（譯自「宮崎滔天全集」第一卷）

（原載一九七四年十月號臺北「藝文誌」）

五、黃興先生逝世三週年的回憶

宮崎滔天

日月如流水；黃君克強逝世已三年矣。我正在日本的新領土，新的亡國朝鮮的首都準備迎接這個三週年，因此我特別感慨萬千。

據說，在上海，早已完成了追悼會的準備。我猜想他們將盛大舉行。而在東京，在同志友朋之間早有建設紀念碑於橫濱鶴見總持寺的計劃。這張碑石且早已運到，碑銘並於我離開東京之前就由犬養木堂（毅）翁寫成「黃君克強之碑」六個大字，且已交給石工，祇剩下碑文，而碑文，現在也許已經寫好了也說不定。

碑文的撰寫，也將由木堂翁親自擔任。對於碑銘，雖然有人主張說要加上「上將」或「將軍」等文字，但是，木堂翁認爲，這可能非黃君之所願意，且這樣做，反而會使黃君顯得更平凡。木堂翁的這種見解，頗得同志友朋們的讚同，而才寫成如上述之「黃君克強之碑」六個字，而我認爲，這樣決定非常好，因爲我相信，黃君必定喜歡人家這樣寫它。

本來，是預定在逝世三週年的那一天，同時舉行追悼會和建碑式的，惟因不知道黃君的生年月日；而爲了問詢其生年月日，拖延了一些時間，因此決定把追悼會稍微延期，等到紀念碑建立的同時來舉行，所以可能要延至下個月的中旬。

將建碑場所選定於鶴見的總持寺，乃是基於前年陳其美君的追悼會在此地舉行時，黃君曾經出席，並發表了一場追悼演說；閉會後在此寺吃飯，同時玩了一天，對於此寺的風光和住持的高誼非常稱讚這項事實。我計劃，在追悼會兼建碑式的那一天以前回國，以便參加這個大典。

前年，就整個天下來講不啻是凶年，就我個人來說更是大不幸、大不吉的凶年。是即以陳其美君的去世爲首，黃興君，恩師桃中軒雲右衛門，蔡鍔君，皆從我身邊走馬燈般地相繼與世長辭。這是我覺得有生以來最寂寞，最陰鬱的一年。

日子已經忘記了，去年我陪同　孫文君一行從東京到上海，抵達上海不到一星期就發生了陳其美君的暗殺事件。我唧唧好像爲了參加陳君的出殯而來上海；陳君的喪事完了之後，我悄悄地回到東京，此時，我師雲右衛門却因肺疾消瘦非常，且不知其患肺疾而在喝自暴自棄的酒。而爲瞞其患肺疾，而又要他住院，我確費了九牛二虎之力。

由於藤井醫師非凡的努力，我師的疾病與日俱癒，不到一個月，他的發燒完全退逝，如果再靜養一個月的話，他可以百分之百地恢復健康，可是，頑固的他却不聽任何人的勸告隨便跑開醫院回到他在名古屋的家，因此不出二十天，便陷於垂死的狀態。

接到我師病危之消息的我，遂到名古屋去看他。他的病的確很嚴重。但看樣子，似不至於十天廿天之內就病死；我想，如果再請藤井醫師好好治療的話，也許有恢復健康的希望，所以我便勸他一起跟我到東京，在我家靜養。他雖然也很願意到東京我家靜養，可是醫生却禁止他馬上動身，要他經過一些時候再說，於是我留了些錢給他做來東京的旅費而隻身回來了東京。

不久，黃興君離開東京回到了上海。而前述之陳其美君的追悼會就是在黃興君動身前兩三天舉行的。爾後，我並沒有什麼特別事情，祇是想到上海。因此我祇告訴了兩三位前輩就匆匆離開了東京。此時，頭山（滿）、寺尾（亨）兩翁，特別要我順路往訪當時生命旦夕的蔡鍔君於福岡醫院。當然這是我告訴了頭山、寺尾兩翁我要到上海，所以他倆才要我這樣做。

首先，我到名古屋去看我師雲右衛門。消瘦得有如別人的我師，看我來看他高與得流了眼淚，並說：「我的病已經沒有希望了。」我也覺得他已經沒有希望了。可是我却對他這樣說：「請不要失望。我要到上海去一下，所以請我師到我東京的家裏來。就是要死，也不要死在這樣淒涼的地方，死在我家好了。我家雖窮，但總比這裏好。我一定會給您最後一口水的。」他答說：「好，兩三天之內我就來。」當時，我師家，門弟都跑光了，祇剩下老婢、護士及其養子晉次郎的三個人。

我叮嚀他「要到東京來的時候，請給我家打電報，一定會有人來接您的」，同時給我家寫了同樣內容的信，並向我師告別說：「我將儘可能地早日回來」，可是全身骨頭的我師却想起來並說：「一定要送我到火車站」。好不容易慰留他，而出其住宅後，我在車上想，這或許將是我跟我師此世的永別；坐上了火車，一刻一刻地與我師遠離，火車經過下關而門司，我終於在福岡的箱崎車站下車，遂乘汽車趕到福岡醫院大門口。

由詢問處到耳鼻喉嚨科，遞給護士小姐以名片而說：「想看看蔡鍔先生」，她說稍微等一等而進去，出來後把我帶到會客室，要我「在這裏稍候」。坐在椅子沒等多久，來了一個好像醫生的人。他說：「我是蔡先生的主治醫師，因爲一個星期以前就連蔡夫人都不可以會面，所以請你能愿諒。」

因此我知道了蔡先生的病非常嚴重。不過爲了愼重起見，我又問：「那麼嚴重嗎？」他答說：「是很嚴重的。但是，現在還不能下任何結論。不過這兩三天的經過還算不錯。可惜的是，如果他能早兩個月來的話，……。但爲了我們一切同仁的榮譽，我們將盡最大的努力來爲蔡先生治療。惟限於醫院的規定，現在我祇能向你這樣說。」於是我明白了蔡君生命的如何危險了。此時，我拿出了頭山、寺尾兩位先生的名片告知他我的來意，並說：「請多多拜托」，爾後茫然地走着松樹樹蔭底下，而不知不覺地走出了醫院。

到了外邊之後，我才發覺我並沒有什麼地方可去。當時的時間是上午十點鐘，船要到明天中午才會由馬關開，所以馬上回去船上也實在太無聊。照道理來說，這時我應該去拜訪玄洋社的前輩和朋友，但我現在却沒有那種心情，左思右考的結果，我決心到二日市的溫泉去過一天一夜，遂走到日蓮銅像的地方去表敬意，然後到日蓮銅像後面的飯塚車站去搭輕便車，到達目的地之後洗了個澡，午飯後坐洋車到太宰府，參拜了天滿宮，跟車夫喝了幾瓶酒，黃昏時刻回到旅館後又喝了幾瓶，乘醉就寢，翌晨坐火車到門司，心懷着兩種不安上船而往上海出發了。

抵達上海之後，照例下塌勝田館，承蒙旅館主人夫婦的歡待，好好休息了一天。次日下午乘馬車訪問黃興君於法國租界開森路的黃公館，互慶康健，聊天而忘記時間的經過，看時間不早，遂站起來想回家，黃君問說：「是否直接回旅館？」我答說：「準備順便去看　孫先生。」黃君說：「那麼我們一道去好了。請你稍微等一等。」他一面吩咐叫車子，一面換衣服。我們遂乘車訪問了

那時候，　　　性的胃病。不過病症並不惡劣，所以他照樣接見客人。我祇祝賀他的健康，就匆匆回旅館。可是旅館下女卻馬上來喊說：「　孫先生來電話。」我邊想是何事、而去聽電話，結果是　孫先生要我即刻到他家裏一起吃晚飯。我遂坐馬車又到了　孫公館。

當晚的孫公館客人有些不同。主賓是湖南前督軍的劉某，以及其隨員。黃君留在孫公館跟孫先生做主人，胡漢民、廖仲愷、朱執信諸君是陪客。　孫先生為我介紹了劉君，劉君說他明天將去北平。

隨則大家就桌位。有胃病的　孫先生和曾經患過胃潰瘍的黃君雖然都不喝酒，但還鬱有胃口的樣子。我暗中為他倆恢復了健康而高興。這時，　孫先生向黃君說：「吃那樣多有沒有關係？」黃君答說：「我沒關係。先生會不會吃得太多？」　孫先生笑着說：「不會的。我要少吃肉，多吃蔬菜。」我是不諳中國話的，但我能聽懂這些話，說來也奇怪；不過，我卻為親眼看見

他倆之間有這樣深厚的友誼而萬分地高興。其理由非常簡單而明白，知者皆知。

數日後，我訪黃君，告其朋友邀我遊杭州。我記得這是十月六號的事情。黃君問我什麼時候回來。我說明天出發，九號回來。他答說：「好。九號一定要回來。十號是我國的國慶，讓我們跟老同志在我家一起喝酒慶祝吧。前幾天，我也去過杭州。杭州是個好地方，應該去看看，不過絕不能忘記十號的事呀！」黃君一再叮嚀我十號以前一定要回來，我也答應這樣做而告別。

隔天早晨，我跟松本（藏次？）君到杭州停車場，在那裏和杭州的兩三位同志一道坐火車。我對於沿途的風景特別感興趣，望右眺左，由於欣賞大自然而忘記疲倦，火車在不知不覺之中抵達杭州車站，我們宿於西湖湖畔的一家旅館。

當天登上吳山第一峯；浮舟於西湖；參觀了大車輪，夜間宴會又宴會。翌晨早起，跟松本君參拜了秋瑾女士的墳墓；與我最早認識的革命黨朋友陳少白君到他朋友的家；由宮地貫道社長嚮導到日本領事館去拜訪，爾後到宮地社長的農園參觀，同時接受他午餐的招待；回到旅館以後又是一連串的宴會。這樣下去，我非喝酒喝死不可，遂準備九號早晨回去，可是他們（日人）却說我想以國慶爲藉口逃掉，旣懦怯又不禮貌而絕不讓我走。如此這般，我終於失約於黃君，國慶那一天我竟被留在杭州，並且，我更以日本和服的風采被拖至十字街頭做了一場演說。

慢了所預定的日子兩天，亦即十一號凌晨我跟松本君逃到火車站，以九死一生的心情回到了上海，可是我却因爲紹興酒而瀉肚子，從而成了病人；而正在跟松本君笑談着紹興的溫酒和同志的熱情之可貴的時候，旅館的主人田中翁來問說：「您們知道不知道黃先生生了病？」我反問：「他有什麼病？」田中翁答說：「據說吐了血。」頓時我覺得事情不妙，遂請松本君跑了一次黃公館。

根據松本君回來的報告，十號清晨比平常早起並在庭園散步着的黃君，非常高興國慶日天氣那麼好；可是黃君却突然說身體不舒服，而坐上陽臺上椅子的同時吐了很多血，這樣他就昏倒在那個地方，惟醫生趕來，爲他打了一針，遂醒過來，而且也沒再吐血，經過還算不錯；同時醫生說，祇要能停止一切會客，專心靜養的話，不至於有生命的危險，而說這些話的醫生是位德國的醫學博士，且具有名醫的風評，所以我們可以相信這位醫生的說法，以上是黃興君的公子一歐君親自向松本說的。

黃君的這種毛病是在美國時得的，因此這該算是第二次發作。由於我聞知患這種病的人，如果大吐其血而一去不還自當別論，否則（亦即不再吐血）是不會死，所以我雖躭心，但又樂觀，相信他絕不會與世長辭。話雖如此，可是我還是非常躭憂，而我自己又因爲瀉肚子，不得外出，因此便麻煩松本君每天到黃公館去探病。

松本君每次的報告都是「情況很好。」可是，不久，一歐君突然來看我。我便對他說：「你不可以隨便離開你爸爸的身邊」。他答說：「我正在要到醫生那裏去取藥。家父情況很好，我躭心的倒是叔叔的病。您覺得怎麼樣？」我說：「我是喝酒過度的，所以沒有什麼關係。不過不要告訴你爸爸，因爲他最躭憂我喝酒太多。」他說：「眞的不要喝太多的酒。」同時取出了一包東西，並說：「這是家父所吩咐的，……」，說畢把它一排，就回去。這包東西，是錢，而不是信。

隔了兩三天，一歐君又忽然來看我。我自作聰明地以爲他又來探我的病，因此對他說：「這個時候你不應該到外面亂跑。我的病是老毛病，不必掛慮。」但他却竟打斷我的話而說：「我剛到正金銀行爲寺尾先生的學校滙了三千元的捐款，所以請叔叔給寺尾先生打個電報。」這時，我覺得悲傷和不大對，但對一歐君什麼也沒講而祇是說：「在生病時何必操心那麼多的事。」對此一歐君却說：「可是這是家父的命令」，同時又說：「今天家父的身體很好，因此我想吃了牛肉火鍋再回去。」說罷，自己買材料，自己做，吃完了說着「吃得太好了」，而大搖大擺地回了家。

隔天，松本君也到黃公館去了。他說，他雖然沒見到一歐君，但是，黃公館的執事却笑着臉對他說：「好的好的」，所以不必躭憂。可是，我總覺得昨天的滙款，和兩三天前送我錢的事，似乎都是黃君仙逝前的一種準備。這時，宮地社長（「上海日日新聞」社社長——譯者）突然（宮地社長是否還記得，我不知道）來看我的病，並問起了黃君的病況。我轉告了他松本君的報告，同時告訴了他我迷信的直覺，於是宮地社長便用力嚼緊他的假牙而說：「那太不好了。」我想你的觀察是對的。我覺得我們應該麻煩松本君再去直接問問一歐君他爸爸身體的實際情況。」我因我的悲觀論得到了宮地社長的贊同而更覺不安，因此遂又請松本君到黃公館去一趟。

松本君回來後說，根據一歐君的說法，他爸爸的身體情況很好，並沒有什麼變化；而對於宮地社長建議請日人醫生診治一事，一歐君說：「我雖然屢向家父提議，但家父深怕日本醫生跟德國醫生互傷感情，所以認爲病況既然沒有惡化，自當維持現狀，因此我也無可奈何。」如此這般，宮地社長的建議沒有實現；於是我和宮地社長皆抱着不安的心情告了別。

此時我的病逐漸恢復，似乎可以放心出去外邊走走。所以二十九號那一天，我起牀離開勝田館前往探望黃君的病；路過孫公館時，我先去拜訪　孫先生。不知怎麼地，那天一個客人也沒有，　孫先生隻身悄然在椅子上坐着，我問他是否不舒服，　孫先生搖着頭而說：「不是；你去看黃君的病沒有？」我說：「現在正想去看他。」孫先生用日語說：「快快」，然後改用英語說：「他的病又發作了。非常不好，趕快去看他吧。」　孫先生的臉，滿面憂色，眼裏有眼淚。

聽完了　孫先生這番話，連招呼也沒打，我就直往黃公館跑；問一歐君，他說他爸爸的病情還好。聽到一歐君的說法，我雖然放心了些，但是，我仍然忘不了　孫先生的那句話，所以我一再問一歐君關於他爸爸病況的詳細。他說：「今天的情況很好。不過爲了要使您安心，請您來看看家父，家父也很希望跟您見面。」我說此刻他不能見客人，可是一歐君却硬拉着我；而自己當然也喜歡跟他見面，因此也就跟着一歐君上了二樓的病房。

聽見一歐君說「宮崎先生來了」的聲音的黃君，稍稍抬起頭，微笑着，伸出其手（偷襲廣東總督衙門時被打斷一根指頭的那隻手），緊緊地跟我握手。他稍微動了嘴，但一歐君爲了避免他爸爸說出聲音，遂把耳朵緊貼到他爸爸嘴邊，然後對我轉告說：「全身變黃，肚子逐漸在脹大。」我說：「這是一時的現象。沒關係。但請您一定好好休養。」他點着頭，表示懂了我的意思。

的確，他全身變黃，肚子也顯得大，但是，一點也沒消瘦，意識清明，很有元氣，因此我覺得他不會死。當時，他好像很想說話的樣子，但爲了使他安靜，我連再見也沒說，就站了起來，這時他以依依不捨的眼神看着我，他這種眼神，至今歷歷尚在我眼前，而這也是我跟黃興君最後的一次見面。

一歐君送我下樓，並說：「剛才與亞（一歐夫人）到勝田館去了，不知道您見到了她沒有？」我答說：「沒有。因爲我先到了 孫先生公館。」他說：「那你們錯過身了。家父吩咐要給蔡松坡先生寄些慰問品，所以我令她帶一大籠廣東柚子去，請叔叔幫忙寄給在福岡醫院的蔡先生罷。」我說：「那她很可能還在等我，我得趕緊回去。」說吧，我就動身回旅館，不過我又總覺得黃君之送東西，是一種不吉的徵象。

回到勝田館，果然送來了一大籠柚子。勝田館的主人，替我辦好了一切手續，而輪船公司更特別照顧，決定免費幫忙輸送這一大籠柚子。那天晚上，我破禁跟松本君喝了酒，喝醉後我就上牀睡覺了，可是我卻整夜做黃君的夢，第二天淸晨起來覺得非常不舒服，因此學痴人說夢之愚向松本君說明這場惡夢的經過，但松本君却說，這是吉祥的兆候。

現在，請允許我再來一次痴人說夢。我去探望了黃君的病情。病房裏祇有我和他。這時黃君很靈活地起了牀，偷偷摸摸地下了樓梯，我遂也跟着下去，黃君正想從院子把正盛開着的菊花盆兒端進去，我制止他說這樣做你會再吐血，但他却小聲制止我說，聲音小一點，並說一歐看到會罵我，所以要爭取時間。於是我也幫他開始搬，可是他却眞的因此而再度吐血了，並要我端水給他喝。我邊躭心給一歐知道，邊偷偷地端水給他，但是喝完了水的黃君却不見人影了，至此我便驚醒。

深更半夜醒過來的我，覺得非常不舒服，而翻過幾次身之後，我才再度入睡，可是我却又作夢在黃君家中。這時我睡在黃公館樓下陽臺扶梯上面。我發覺睡在這上面危險，想下來，但是我的身體却不聽話；我好不容易終於從陽臺下來，此時，忽然來了幾個工人，他們遂把我睡過的扶梯打掉，並在院子跟這扶梯之間架上了一座木板橋，瞬間，黃君出現了，他經由這座木板橋走到院子裏，然後又不見了，於是我又從夢中驚醒過來。

翌日三十號，整天憂鬱，意氣消沉。松本君的報告仍然良好；晚餐喝了幾瓶酒後，睡得正甜的時候，有人拼命敲門，下女來告訴說是黃公館的執事，我遂跳起來，一看其帶來的信，是一歐君匆匆寫的，它說他爸爸的病危急，要我趕緊帶日本醫生去。我跟松本君，手忙脚亂地，該帶的也沒帶，就坐上執事所坐來的汽車，一路往佐佐木醫院趕。那是三十一號淩晨五點鐘左右的事情。

我們把佐佐木醫生叫醒，一起趕到黃公館；可是一進病房，嗚呼，這裏却是個眼淚直流，悲痛欲絕的世界。此時，黃君的枕頭邊，染滿了血；他的眼睛緊閉着，從半開着的嘴裏流出來的血痕，在其臉部上歷歷可稽，黃君早已不是今日世界的人了。他的家人哭成一團，一歐君有如瘋子般地哭叫說：「請叔叔說些能使家父安心的話。」這時我究竟採取了什麼態度，我完全記不得了；祇記得佐佐木醫生想給黃君打針而中止，和聽到了他說「啊！太可惜了。」這句話。

不久，孫先生和胡漢民、朱執信、胡毅生諸君一道趕來了。隨卽何天烱、唐紹儀兩君也趕到。一歐君有時抱緊着　孫先生，有時抱住胡漢民君痛哭若狂。此時此地，我才眞正體會到所謂斷腸。一歐君固然如此，在傍邊看着的我也是如此，否，我相信在場的人都是如此。　孫先生馬上以猶如木偶的態度走近黃君身邊，來握着黃君的手，拉開棉被，並摸着黃君的肚子。我也不知不覺之中，學着　孫先生，握着黃君還有微溫的手，和摸摸他的肚子。可是，黃君却一無反應。躺在那裏的黃君，已經是具遺體了。

孫先生向黃君的遺體鞠個躬後，走到另外一間屋子去了，其他的諸君也這樣做。惟唐紹儀君和何天烱君，爲了安慰悲慟欲絕的一歐君而仍然留在那裏。我因爲躭心一歐君哭死，和失去我至友的絕望，而覺得精神、腦筋混亂。不知所措的我，祇是在那裏轉來轉去。

如此這般，同志們的來去交織，更助長了這

場悲劇的氣氛。萬事周到的唐紹儀君，指揮督勵黃君親人和同志，把黃君的遺體移到樓下的大房間。此時，院子前面盛開着的菊花盆兒遂被搬到黃君遺體的四邊。頓時，我想起了昨天晚上的那場夢。旋即工人們把陽臺中央的扶梯打掉，而在它與院子之間架設了一座木橋。於是松本君在我耳邊說：「跟你所作的夢一模一樣。」我愕然不寒而慄。

兩天，三天，悲劇仍然在繼續。我回到旅館後，既睡不著，心也定不下來；我的大部份時間，皆在黃君遺體傍邊，嚴格地說，統統化在看護幾乎發瘋，日趨消瘦的一歐君。而我的看護一歐君，有若監守在監視囚犯一般，專心注意其一舉一動；由於一歐君太過於悲傷，耗損元氣過度，我終於請吉住醫生騙他服安眠藥，其效果相當良好；可是，這時，從家裏竟來了個電報，說「雲右衛門師去世」，而又給正在錯亂的我當頭一棒。這是黃君逝世一個星期以後的事情。

隔天，又來了個電報說：「師父的遺體附諸火葬暫寄存在寺院，葬禮決定延期舉行。」後來我才知道，我在名古屋告別三天後，我師便搬到舍下。我師雖然喜歡在舍下靜養，但是，在逝世稍前，以爲「天下的雲右衛門，死無自己房屋，來弔的人也許會有所顧忌」，因此遂在舍下附近勉強租了一座房子，在那裏與世長辭。又，繼此兇息而來的，竟是蔡松坡君的訃聞。

社長、總編輯足下，我應該寫的事太多了，但請原諒我，我寫不下去了。因爲一想起這些事，我的血便往頭上衝，好像早鐘在響個不停，我的眼花了。現在，我祇有希望能「貫徹亡友的遺志」擱筆。

（譯自「宮崎滔天全集」第一卷）六三、六、二十一

東京

（附記）此文係自一九一八年十一月九日至十七日在「上海日日新聞」連載的。

（將刊於一九七七年十月十日臺北「中華日報」）

六、黃興將軍與刺客高君

宮崎滔天

年年歲歲花相似，但人事却多變。曾經爲理想流血犧牲，威震神州大陸的革命黨，今日竟然一片暮氣沉沉；當年爲自由平等犧牲奮鬪的熱血男子漢，現在也成了溫和的紳士政治家。陳英士君已經不在人間，黃興君相繼去世之後，手槍、炸彈的聲音完全絕跡；而在戰亂陰影籠罩下，仍然充滿了泰平氣氛的今日，只見北有安福俱樂部的跋扈，南有政學系的猖獗，吾人的確老矣。此時此地，我不得不懷念那段曾被譏爲偏激、粗暴的靑春時代。

× × ×

記得這是一九一一年晚秋的事情。我正在筑後柳川（地名——譯者）過着流浪生活的時候，在東京的小兒給我打來了一個電報。電報說：「母病危快回家。」由於事情發生得太突然，遂把一切事情排在一邊，當天晚上趕回東京。

到達新橋車站時，侄兒（築地）宣雄和長兒龍介來接我。我一看他倆的臉色，就知道他倆騙了我，瞬間比長兒大幾歲的侄兒走近我說：「對不起給您打了假的電話，但事實是吉報」，他更低着聲音對我說：「有黃興先生的電報。您多年來的辛苦似將開花結果了。」這時，我心裏的不滿，因爲最後這句話而遂消失了。

黃興君從香港打來的電報是，要我替他找兩

個上校或中校級的軍人給他做參謀。而我正在替他物色參謀人選時，黃一歐君來了電報說：「家父已離開，前電取消。我卽去上海，請叔亦早日來。」由此，我得知風雲之緊急。

我正在嘮叨於家人的安排時，雲南和四川宣告獨立。繼之武漢也宣告了獨立。黃興君來電報說他已在漢陽。急性的萱野長知、金子克己、龜井一郎諸君已經動身了。我出去措籌旅費回來，當時還是小印刷廠老板的石丸祐正君（現在是東洋印刷公司董事長）竟在寒舍等着我，說「我怕您沒旅費不能出發，我帶來了一些」，而從口袋裏拿出錢給我。井上敬次郎君（現任電氣局長）也送來了錢。這樣，除旅費外，家人還有二、三個月的生活費，我且和尾崎行昌、山本安夫兩君約定隔天要動身的時候，何天炯、黎仲實兩君突然從廣東趕到，並要我們「慢點出發」，因此，尾崎、山本倆又先走了一步。

何、黎兩君以爲，廣東似也能够順利地宣告獨立，不過，或許仍需一戰。屆時需要槍砲子彈，他倆來日目的在購買武器，因此要我協力。

於是我便跟同志島田經一君商量。島田君說他有辦法，遂出去四、五天，活動個不停。而當他報告我他得到一線光明的大約前兩分鐘，何君收到了電報。何君看了電文，遂拍着手跳起來說「拿到了廣東！」黎君張著他本來就很大的眼睛，把上身幌來幌去拍着手興高采烈。電文是這樣寫的：「廣東已獨立，不需槍砲，趕緊回來，胡漢民。」且有「官報」的捺印。我簡直不敢相信，但又高興。遂叫人拿酒來。我全家，連小兒們也都著迷了。

正當此時，島田君喘着氣趕回來，一進門便喊說：「已經有希望了，事情談得差不多了。」我以很冷淡的態度對他說：「不要槍砲這些東西了」，於是他遂亮着眼睛，震着嘴唇大聲說：「什麼？打仗不要槍砲？」他好像要暴怒起來的樣子。我遂將電報給他看。看完了之後，他便用雙手抱着他的白頭，邊說「這是什麼話！」同時把身體轉個五、六次，然後坐了下來，並伸出手要一杯酒（他是不會喝酒的），說「恭喜恭喜，乾杯！」竟一口氣把酒乾掉。那一天，我們整天喝酒過日子。

何君向黎君提出一個建議說：「情況既然是這樣，就不必兩個人都回廣東去了。我將跟韜園先生（宮崎滔天）一起到漢陽的黃興先生那裏去，所以你一個人回去好了。」黎君答說：「廣東已經獨立了，因此我已不必回去。如果要去的話，我也想跟你們一起到漢陽去打仗。」何君又說：「我們兩個人一起來辦事，現在兩個人都不回去不大好。可能還有其他重要事，所以請你回去。你跟汪兆銘和黃復生諸位先生曾去暗殺攝政，已經有做爲一個優秀的革命黨員的資格，但我却從沒冒過任何險，因此也就沒有革命黨員的資格。這次請讓我來吧。」黎君終於接受了何君的建議。於是我和何君便隔天就往漢陽出發。

我們從神戶上船，但却無心欣賞瀨戶內海的風光，出了門司，經過濟州島海面和吳淞，進入江浦，停在江內的輪船帆船竟全部掛着白旗，我目睹這種情景感激之餘，遂走近何君並向他說：「看那些白旗」，他則答說：「都是我黨的天下」。此時他的眼睛裏噙滿了眼淚：而我也把臉時爲深夜兩點正。想睡，又睡不著。我們藉着火和高粱酒禦寒，聊天聊到天亮。山本君假定黃將軍會到上海，因此乘第一趟火車趕回上海，而我們則留在此地等着船下江來。

上午八點鐘左右，在那裏把守的志村君喊說：「好像日清輪船公司的船來了！」於是我們遂付了旅館的賑，到河邊去等船來。輪船靠近之後，我們第一個發現的是在甲板上走來走去的萱野長知君。所以我們毫不遲疑地踏進了這條船。山田君也在船上，他是由下關上船的。

我拍着萱野君的肩膀叫他一聲「萱野！」的時候，他嚇了一跳，同時看我。我問他「黃君是不是也一道？」他默默地點着頭，並用眼睛暗示，要我們一道走去。何君和我跟着萱野君後面走到頭等船艙的地方。萱野君把其中一艙的門開一半，將我們推進去。

黃君看我們進來，隨時站起來露出笑容，跟我握手並說：「你來得很慢，我等很久了。」大家坐下來之後，黃君又繼續說：「我們打輸了。」我說：「沒關係，我們馬上可以把它拿回來。」何君也說：「絕對沒問題。」然後用中國話向黃君說明廣東的情況，我爲什麼慢動身，和在此地上岸的經過。

一一點著頭聽着何君說明的黃君，突然在他那圓型可敬的臉上顯出怒容毅然說：「我們所以打敗是因爲德國人幫了清軍的忙。德國人帶來了新的大砲，並且親自參加戰鬪，因此把我們打敗了。我用望眼鏡看了，所以我認得這些傢伙。這些傢伙現在在這條船上。今天晚上，我想把這六個德國人丢在河裏頭，以爲報仇。」

何君瞪著我躭憂說：「怎麼辦？」我勸黃君說：「你生氣我是能了解的。聽了你的話之後，我也很生氣，不過我們得再研究研究。總而言之，如果六個德國人變成行方不明的話，事情一定會很麻煩的，尤其是事情發生在日本船上，而且黃先生在這條船上也是件公開的秘密，這就更麻煩了。因此我認爲，等到革命成功以後，再來大事報仇一番比較上策。不知道黃先生你覺得怎麼樣？請你稍微忍耐一下，將來機會多的是。由於你在這條船上，所以事情更難辦。」

黃君有點不甘心而問說：「人家知道我在這條船上嗎？」我答說：「知道。因爲知道，所以山田先生和山本先生才趕來把我們從另外一條船喊下來。」黃君說：「眞糟糕！」並傾着頭想想，爾後好像想出妙案說：「如果這樣的話，我們來丟那個買辦好了。他是德國人的買辦，最可惡。」我問：「那個買辦是不是跟德國人在一起？」黃君說：「是的。」因此，我也以如果這樣做的話，一定會爲德國人所追求，結果還是一樣這個理由來反對他的意見。黃君以抱怨似的神情看著我而嘆息說：「眞糟糕！」

黃君的房間，沉默了一小陣子。然後黃君對我問說：「如果上岸的話就沒有關係罷。」我說：「我想沒關係。」於是他突然恢復元氣說：「明天下船後馬上把他幹掉。」我說：「這條船將在明天中午或者下午一點鐘左右到達。」他以似要否定我的說法的口吻說：「白天好，懲罰最好在白天。」我說：「執行的人太可憐了」；他說：「沒關係，復仇還是白天安全。」瞬即對於站在旁邊，始終保持沉默的他的親信陳慶君用中國話命令著。

奉了黃君命令下了二樓的陳君，不久就回來向黃君復命。黃君微微一笑向我們說：「好了，執行者已經決定了，那個人絕不會有問題。他非常有經驗，絕不會被抓到的。」而所謂「那個人」，就是高君其人。

船已經離開鎮江往長江下游開着。聽到吃中午飯的通知，我們步出黃君船室踏進餐廳，遂看到那六個德國人和該死的買辦坐在一桌；大原、萱野、山田、何君和我五個人便坐上另一桌。另外還有兩三位其他旅客在吃飯。當然，黃君是沒有來餐廳的。

我們瞪着買辦。他雖然是我們的敵人，但對他我仍不免懷有憐憫之情。不過眼看德國人在懇切接待他這種酒那種酒的樣子，我的確也覺得這個傢伙實在該死。不意中往後看，從室外的玻璃窗，陳君和高君在望餐廳裏頭。尤其看到高君凝視買辦的眼光時，我頓時不寒而慄，深怕買辦對高君的凝視眼光引起什麼反應。

而高君之所以這樣凝視買辦，是為了牢牢地記住買辦的「尊顏」。爾後，到達上海之前，從沒再上來過甲板，我們也一直以一種好奇的心情來注意買辦的一舉一動，但並看不出來他的態度有任何變化。惟船抵達上海前一個小時左右，他卻洗了澡，換了衣服，同時開始寫信，寫了又撕，撕了又寫，這樣反復五、六次，到最後信還是沒寫成。

船終於停在上海的一個碼頭。在黃君的船室，即時召開了一次緊急會議，決定乘把買辦幹掉之紛亂大家上岸。我們趕緊出去前甲板看看高君在何處，這時他早已站在碼頭的旁邊。不久，三個德國人走在前面，買辦跟着後面下了階梯。那三個德國人已經走過了高君面前，買辦想走過高君面前的一刹那，高君便把手槍往買辦的背部一開，此時，與槍聲的同時，買辦便往前面倒了下去。

往倒了的買辦看了一眼之後，右手拿着手槍的高君，大搖大擺地往自然散開的人羣中走去，當他走到上海日本領事館與郵船公司中間的大路時，三個勞動者模樣的人追了上來，於是高君遂向其放了兩槍，把他們嚇跑了。高君看左右已經沒有人，似稍微跑了一下，旋即看不見他的影子了。

倒下去的買辦，遂由那三個德國人抬起來，並把他載於洋車；但買辦的臉色，已經是死人的了。這個替德國人做罪羔羊的可憐的買辦，瞬即由那三個德國人保護，被車夫拉着，走過碼頭，向右轉，沿着河岸離去；但剩下的另外三個德國人，究竟採取了何種行動，我沒有注意到。不過我想，他們可能嚇得躲在船艙裏頭。後來聽說，買辦被運到佐佐木醫院（當時，此家醫院最靠近河岸），但以院長不在而被拒絕收容，不得已乃運至德國領事館，但這時買辦已經絕命了。

住在二等船艙的同志們，很快地就下船，為幫助高君逃，和保護黃君而混進人羣之中。而我們則乘槍聲之紛亂下船，令黃君坐上山本君事先準備好了的馬車，然後徒步下榻離河岸不遠的勝田館。生平好義的勝田館主人，以為黃君身上如果發生萬一，將是勝田館和日本人的恥辱，於是親自來守衛勝田館的大門。而雖然說是安全，但同志們仍然躭心其身邊的黃君，於當天晚上十二點鐘左右，化裝成爲好像另外一個人，出現於我們大家面前。黃君的喜悅，同志們的高興，當不言而喻。這時，黃君給高君若干金錢，要其好好玩樂和休息。高君將錢排在口袋裏，乾了一杯酒，有如電光，馬上離去。

現在我們轉回頭來看看北京，由於北京遭遇到意外的革命變化，不知道如何應付這個困局，西太后、光緒皇帝死後，遂起用了在政界已經失去勢力退居河南的袁世凱來擔當局面。袁世凱決非普通的狐狸。他深知革命的原動力是　孫文和黃興二人；只要把這兩個人除掉，革命便會崩潰。於是袁世凱遂收買了湖北革命軍的一部將孫〇君，命其暗殺黃君（當時　孫先生在國外）；孫某則以必達成其使命以報答袁的知遇。

袁世凱的此項命令，對於孫某乃是一種試金石。是以這件事的成敗，直接關聯到孫某個人的榮辱問題。因此孫某便想盡辦法企圖來達成此項目的，而他終於找到了非常有效的途徑，這途徑就是，他得知他的同鄉親友高某（前述高君之父）的兒子是黃將軍的親信。於是孫某便即時派遣他的親信訪問高某，直截了當地告知高某以袁世凱的意思，並加以說明道：「你的兒子如能完成這項使命，你一家將榮華富貴，否則必日暮途窮而後已。」孫某這種說明，告訴了高某此事之辦得如何，將關係到高某的整個命運。

高某雖然不是革命黨員，但是由於他的兒子是黨員，所以在情緒上高某便親革命黨。可是，突然天掉下來了這樣的難題，使他進退兩難。因爲，如果他不服從孫某的命令，不但他個人的生命難保，依照中國式的做法，將被滅其九族。當然，這是為他所不能忍受的。在百思不得其法之餘，他遂為其愛子高君拍了一則電報謂：「父病危速回。」

高君手拿這則意外的電報，往訪報告黃君其事。黃君勸高君即刻回家，並給予很多慰問金。高君對黃君一向的厚誼感激流淚，同時向黃君告別，即日以欲吐血之心情搭船溯長江回去。抵達家門的高君所見到的乃父，雖然有些憔悴，但還是跟平常一樣，非常健康。

阻止了對於覺得情況不對，想質問其究竟的高君，乃父邊落淚向其愛子訴其煩惱，並要高君下決心。高某對乃子說：「這個問題如果由於我的一死可以獲得解決的話，我是願意犧牲我自己的；可是如果非滅我九族不可的話，這是我所無法忍受的。請你能體諒我的苦衷，……。」對於任何強敵都不怕的高君，面臨這個意外的提案卻不得不氣死。他默默地低着頭，潸潸的熱淚從他雙眼湧出來；他終於哭倒了。爾後，他站了起來，並向乃父誓言要服從其命暗殺黃將軍，帶着那支手槍，再往上海出發。

這時漢口革命支部的偵探當局，向上海革命總部打了一則電報說，最近孫某與高君父親之間的關係有令人莫解的地方，尤其是近日高君由上海來，又馬上回去上海這件事更令人懷疑其用意，以後請注意高君的行動。本部以為事關重要，遂報告黃君，請其提高警覺。但固執的黃君拼命否認這種可能性，而附之一笑。不得已，本部人員只有告知黃公館的守衛以此事，要其禁止高君踏進黃公館。

兩天後，高君造訪黃公館，守衛阻止了跟過去一樣不打招呼就想進去的高君。高君責其無禮；守衛以黃將軍不在而禁止其進去。但高君硬想闖入。於是引起爭執，一個守衛遂跑進去客廳報告黃君，黃君親自趕到大門口大罵與高君衝突的守衛，然後牽着高君的手回到客廳，請高君坐下，並以溫柔的語氣說：「令尊的病況如何？看你回來得這樣早，大概還好吧。」被迫下決心的高君，碰到黃君這種溫情，其決心至此遂完全瓦解。他終於低着頭哭起來了。瞬即取出他的手槍排在桌子上坦白一切，最後泣說：「請先生用這支手槍打死我以解決我的痛苦。」

黃君也不由然地流了同情的眼淚。他邊流淚邊勸告高君說：「如果現在是平常時期，我願意把我的頭送給你，以成全你的孝養。惟今日是天下興亡，我黨絕續的緊要關頭，所以請將我的生命交給我到這個問題告一個段落的時候。在這之前，你如果覺得留在中國有所不便的話，暫時到日本去怎麼樣？」此時，高君才抬起頭來，並答說：「若是，請讓我到日本去吧。因爲我早已厭倦踏中國之地和看中國人。」於是黃君給他許多錢。他祝福黃君的健康和成功而搭上最早出發的輪船前往日本。

一個月後，高君變成死屍漂流到大森海邊。（譯註一）這是因爲他追隨陳天華君，在大森海投身自殺所致。

又，據說，孫某這個人的生命，不久便爲人家所奪去。

（譯註一）大森是東京都品川區的一個地名。
（譯註二）宮崎滔天這篇文章發表於一九二〇年

一月一日「上海日日新聞」，署名韜園主人。

（將刊於一九七七年十月十日臺北「臺灣新生報」）

（一九七四年八月二十三日於東京，譯自「宮崎滔天全集」第一卷）

七、湖南行

宮崎滔天

二月六日　於九江上游

敬啓者，長崎之醉，至上海尚未醒，現正在湖長江之中，明日將到達漢口。

此行完全爲了弔黃興先生之靈於其故里，以及慰問黃先生的遺族；現在雖然看不到四圍的風物，只要有所見聞，我將報告社長（鈴木天眼）和社裏同仁。

在船中，偶然邂逅工學士益田達氏。益田氏是益田孝氏（創辦三井財閥的財界巨頭）的侄子，現任中日興業股份有限公司工程師，經營安徽的桃冲鐵礦。他說，鐵山雖用中國人的名義申請獲准，但附帶於它的迄長江的鐵路，却以安徽省長的命令不准。其前途，不知道將如何。（關於桃冲鐵礦，我曾在本報屢次詳細報導過）

安徽是徐樹錚、倪嗣冲兩君的「天下」。中央政府之命令亦無之奈何。所謂中日親善，就他倆來講簡直是囈語：道理對他們也束手無策。

天下之事在人，中日親善，秉公持平，有何不可？何況一視同仁？要緊的是知己和知彼（敵）。希望堂堂之標榜不致於誤自己國家和友邦。一事乃是萬事，而不知此道理者將蒙受災禍。

二月十二日　於岳州

敬啓者，前日之雪已停，漢口的三日很舒服，惟雪融化了之後，路上不好走，所以我未能弔訪漢陽和武昌的古戰場，只是訪問了兩三個朋友，和兩三個朋友來看我；晚間應三井支店長的招待在「福宮」歡宴。此地的酒遠比上海的酒好的多。

九日中午，乘武陵丸往漢口出發。隨船溯江，左右眺望武昌和漢陽，頓時憶起當年黃將軍之事而眼淚潸然。現在岳州，昨天到達此地，住日清輪船公司上海辦事處二樓，在這裏等著明日到湖南的船。從漢口，跟自稱唱浪花節的和田常波和兩個美人（？）一起上船，而他們也宿二樓的一室。受主人安澤夫婦的盛大款待。由於昨天是日本建國紀念日，晚餐桌上酒池肉林，加以常波君的「乃木大將信州拜墓」一曲，和兩位女士的參加，我於是大醉一場。這是近幾年所沒有過的熱鬧的建國紀念日。與公司有關的五、六位中國人也來助興，眞是愉快。

主人夫婦帶我們去參觀岳陽樓。雖有往昔的面貌，但似經過幾次改建，現在它用做營房。太殺風景了。樓頂上眺望絕佳，可謂古人不欺我。惟現在水量減少，因此君山與樓之間有海面，因而損及洞庭湖的大觀。現在正在準備開始喝酒。匆匆擱筆。

二月十五日　於長沙學問街黃公營葬事務所

敬啓者，十三日上午，由岳州乘小汽艇溯洞庭，黃昏時刻到達蘆林潭（譯註一）。此處乃是連接長沙和岳州的地點。由長沙到達的小汽艇已在等我們。在換船的時候，我偶然見到一個好像日本軍人的人士。在漢口時，聽說木村少校到了長沙，或在路上會跟我們岔開；因此我以為他是木村少校而正想跟他打招呼的時候，對方竟對我先說：「您不是宮崎先生嗎？我是杉坂。」說畢，並抱着我。原來是駐紮廣州的杉坂海軍上尉。他說他由廣東出廣西，橫貫湖南，剛剛到達漢口。傍邊站着一個日本人，經杉坂氏的介紹，得知他是為創辦中日銀行而到長沙的小野君。共喜奇遇而舉杯祝賀，醉來，介紹我一行的浪花節諸君。常波君原是海軍出身，互道姓名，得悉曾經一起在軍艦常磐服務過，且皆為杉坂君的部下，一道練習過柔道；有人提議唱一曲，於是在不足四張半榻榻米大的小汽艇裏開始唱浪花節，繼而有「新內」、「長歌」、「獨獨逸」等等（譯註二），到夜半一點鐘，才盡興而散。

翌晨六時，輪船開始溯江，但我們仍在夢中。十時左右醒來，上甲板上，目見遠近山林綠樹，尤多松樹，水清，似覺回到自己故鄉。下午四時抵達長沙，受到黃公營葬事務所職員的歡迎。與其前往該事務所，親拜黃公靈柩，與一歐君（黃一歐，黃興之子）夫婦握手，一看旁邊的客人，都是我的老友老同志。他們今日皆居湖南政府要津，我跟他們一一握手，歡喜若狂，甚且流淚。晚餐後，到另室去就寢，時已過十二點多了。此夜思繁夢多，未能睡好，醒後稍覺頭暈。其詳，後談。

三月七日　於長沙

敬啓者，到了長沙之後，是否寄出了信也都

忘了，因爲一到此地，便是一連串的宴會，一直在喝酒。問同道的松本藏次君，他也記不得。眞是可笑。惟並未損害健康，請勿念。不過仍然不能太粗心大意。

前日，曾應譚（延闓）督軍之宴。陪席者皆爲當路的廳長，大多是留日者，而且幾乎是老同志。他們都知道我喜歡喝酒，因此要我乾杯又乾杯。我以酒量、健康不如往昔而謝之。可是在座的老友曾繼梧君（現任工廠局長，三次革命當時的臨時督軍）竟舉杯說，你我是革命的殘渣，黃（興）君已死，我們喝酒喝死也沒關係。聽了這句話，我又大喝特喝，終於喝倒了。後來據說，自黃君去世後，曾繼梧一直在喝酒過活。嗚呼，中國現今尚有這種血性男子漢，可賀也。譚督軍是位寬厚長者，更是斯道的豪者。湖南可談，湖南可親。我大加信心。

在到處的宴會席上，主人皆異口同聲說：「黃公之志未竟，請多盡力。」這句話，給我很大的傷心，也給我很大的安慰。我們一行，以此話爲滿足。

數日前，順視察黃、蔡（鍔）兩公墓地之便，登了嶽麓山。該山有松樹、椎木，有杜鵑，加以處處淸水流，儼然是座天生的公園。湖南省議會且決定將此山做公園，並已經開始動工。我提醒他們，做公園時萬勿損害其自然。

登嶽麓山時，我想起了京都的若王寺。前年，跟財部熊次郎兄參拜若王寺山下新島襄先生（譯註三）墳墓的時候，從墓地所展望的風景，跟從嶽麓山所展望的風景非常類似，只是麓嶽的規模（風景）大就是了。黃公的墓地位於其頂上，有若新島先生墓地的位置；而蔡公的則在稍微下去的山腰，皆爲絕景，似很適於安息的地方。黃公的出殯內定於四月十五日，蔡公十日，但這畢竟是內定，不是確定。今晨十時又有宴會，我剛回來，醉醇醇。

三月十一日　於長沙

敬啓者，爲了恢復連日的「酒勞」，從前天起開始絕對禁酒。雖然說是「絕對」，但並非以後絕對不喝一滴酒之謂，而只是在尚未恢復健康之前，一滴也不喝的所謂有限責任的絕對禁酒而已。不過，在實際上我並沒損害健康，只是想防患於未然。我亦老矣，我心裏有些悲痛。一笑。

上月二十五日，此地國民黨當局（此地尚爲國民黨天下），在教育會曾經爲我舉行了歡迎會，時間是從上午十一時到下午三時。雨天。坐轎出門，外邊有二十來位像士兵的人馬穿着雨衣揹著槍排列著，我的轎一到，其領隊便命令最敬禮。我以爲有什麼貴人來了，左眄右視，竟見不到那種人。而隨轎夫的走步，隊伍便依號令向前進，到達教育會門口，依號令隊伍止步，並向從轎子出來的我敬禮。我半信半疑地進入歡迎會場，講演完了，吃完了盛餐之後，隊伍又照樣敬禮，嚮導把我送回黃公館去。回來之後，覺得奇怪，遂問一歐君以此事，他呵呵大笑說，那是警察保護您的措施；我嘆說，六年前，我在我的祖國日本受著罪人的待遇，今日在異鄉竟受如此這般的歡迎，至今我才恍然大悟做爲浪人的可貴。一歐君說：「您是日本人，所以是浪人，如果是中國人，不是總統，便是總理，因此受警察的保衞是應該的。您的熊本口腔日語，於我有如美麗的音樂。」

當天冒雨而來者六百多人。林德軒君代表發起人致歡迎辭。繼之，我以楊君做翻譯，詳細談去年九月下旬由東京出發，到名古屋去探視恩師雲右衞門的病；然後到博多（九州福岡——譯者）去探望蔡公的疾；爾後到上海跟黃君見面，向其報告前兩者的病況。可是躭心他倆之病情的黃公，却突然罹病並先去世，一週後，雲師又去，不日，蔡公亦與世長辭的經過。

其次，我略述黃公和我的關係，最後就黃公的主義精神說：「名爲實賓。黃興先生的主義精神，正如其姓名所示，乃以復興黃種民族爲目的。他不但不是以人種的偏見來拒絕白人的小人，而且是對於不人道的白人的驕傲能付之一笑的寬厚君子。他所求的是，使黃種人站起來免於白人的蹂躪，令其獲得跟白人同樣的權利和自由，要其平等地互相來往。這是他的理想。中國革命是亞洲強盛的第一步。他深信：只要中國強大，並能跟日本携手合作，亞洲的復興決非難事，因此他醉心於破壞三千年來的(專制)歷史，以建設新共和國。他雖然成功於破壞的事業，但這並不是目的，而只是一種手段。縱令建設共和國，如果對於國利民福不能有所貢獻的話，不但毫無意義，遑論亞洲的復興？是即黃公的目的只達到其一成，留下了九成。這固然是各位的責任，也是我們日本同志的義務和權利。」

以上述大致內容，我演講了一個半小時。然後還有四、五位同志講了話。下來就是宴會。在演說方面，我可謂外行人。我不是不喜歡演說，而怕演說。可是比起唱浪花節，我覺得還是輕鬆得許多。演說不外乎是表達我心裏頭的感想。可是，浪花節卻有時候得說些不想說的話。譬如模倣公公、婆婆、小孩乃至於女人的聲音，我是最不行的。而這也是爲什麼我在斯道不能成功的主要原因。

一天到晚只說中國酒也不大好，所以，今天我想來說說此地日本酒的事。據說，此地也有一百六十位日本人。而我國在此地的代表堺領事就是斯道的佼佼者。在三井、久原、大倉的幾次宴會和堺領事本身的宴會，我都跟他「交戰」過，但我始終拜下風。其次是郵政局長宮下君，他雖然很能喝，而且也喜歡喝，但不能算是酒豪。在量方面，三井的百瀨君似可數爲首屈一指。在唱歌方面比較出色的有久原的柴田君；醉了就睡的是日清輪船公司的佐藤君；浪花節的名人爲三井的伊勢田君；最會唱中國歌的是綿貫末次郎君；舞劍的能手是領事館的警官先生；吟詩的名手爲日豐洋行的日名子君；而日清的佐佐木君，雖然是能喝能唱，惟因剛討老婆，不喜歡「表演」。尤其是堺領事和宮下郵政局長的「衞生舞」皆屬上等中之上等。以我這支禿筆，難以描述，不再說明爲宜。

其他一百六十人當中，還有許多多才多藝者，但我只說些我所知道的人。

「東洋日乃出新聞」，此地日本旅館兼料理店「美和」的掌櫃是愛讀者，我也借看了它。有如異鄉逢故舊。匆匆。

三月十一日　於長沙

敬啓者，絕對禁酒三天已經結束。上月十一日，我曾邀請領事以下十幾位主要的日本同胞到「美和」來個牛飲馬食會。此會盛況，做主人的我也非常滿意。我還相當能喝，請釋念。

此地督軍譚延闓氏酷愛日本櫻花，最近經由東隆洋行購百棵櫻樹，擬移植於乃母墓地。前天櫻樹運到了，我贈送一百棵當中的二十棵，昨日且親自到墓地去種植。墓地距離城西一里許。四圍爲小丘、竹林和松樹，在此中間埋遺骸，以爲墓地。誠爲一瀟灑的小公園。此一小公園種有百棵櫻樹，數年後必成爲日本櫻花的名勝。此日終日移植櫻樹，黃昏時頃回到黃公館，桌上竟有中野熊五郎氏的訃信。它使我痛覺人生無常。他的肺疾已久，但他以爲不是肺病而不服藥，人皆爲之痛。我離開上海前，他的病勢已略惡化，他的同鄉吉住醫師（縣參事會員吉住勘平氏胞弟）騙其爲胃藥要其服用。他嘗了一口，知道是肺藥而棄之。我跟宗方小太郎君商量此事，並對於他的病況抱着悲觀的心情來此地，今日他竟與我永別了。天下奇矯之士，終以奇矯終其一生，可謂爲其所願。

埋葬黃、蔡兩氏之嶽麓山乃是湖南之名山。屈原之祠宇亦在其山麓，今日又擁有此二名士，其名將更不朽。省當局已決定乘此機會以省經費將此山做爲公園，並已着手於道路之改築。如前函所奉告，此山樹茂水流清，古石怪巖起伏四處，成爲自然之公園。在不損害此種自然美之範圍內予以人工，並植日本櫻樹，其春色更可想也。據說，東京之朋友，爲紀念黃、蔡兩公和趕上明春，有捐贈櫻樹之議。此舉大可。如能種植一萬棵，嶽麓將化爲櫻花山。將中國化爲櫻花，萬萬優於中日親善之口頭禪。貴地同感之士，請捐贈，一棵兩棵，不拘。但這是明春之事。敬啓。

三月三十日　於長沙學問街黃公營葬事務所

拜啓者，來湖南覺得高興的是，除山水，有許多留日者外，就是勵行植林和教育。本月二十二日，譚督軍曾經親自率領官員、教師和學生到嶽麓，種植樹木，以爲示範。湖南省法規有此規定，即雖屬私有的植林政策。尤其有趣的是此地山林，如伐木經過六個月不植林，其所有權則告消滅，任何人皆可在該地植林並所有該筆山地。不止山林，爲湖南之富源的鑛山也是一樣，即：獲得採掘權六個月內不開工，或者停工六個月以上者，其權利則告消滅，任何人皆可提出採掘之申請。這也可以說是一種社會政策。

教育機構有商業學校、農業學校、養蠶學校、法政學校、師範學校、中學小學，一共有一百二十八所，省立國立，皆免學費。因此所有學校，全是「客滿」。據說，第一次革命後，大家對教育非常熱心；但是，二次、三次革命後，省財政紊亂，教育大受影響。受影響時的情況尚且如此，盛時的情況如何，當不難想像。

說到財政之窘困，爲謀求救濟，目前有借款問題之提議，且據說由日本領事正在進行中。過去，借款、寶鑛問題常有所聞。惟皆爲日本商人內部之鬪爭而未成，因而徒增湖南省之困苦，因此遂由督軍向日本領事提出，日本領事報告日本外務省，刻正由外務省邀資本家俾應督軍之要求。相信不日可獲解決。

然而，北京政府當局中，却有擬將此地水口山及其他重要鑛山歸爲國有之議，因此此地公民便非常憤慨，紛電當局，以鳴其非。在理論上，國有並無不可。我不清楚，北京擬以何種方法將其國有，但如將湖南唯一之財源水口山收爲國有的話，湖南則將滅亡。是故湖南公民之極力反對，實爲理所當然。如若硬要收爲國有，他們必以死力爭，其結果或將在平地起波瀾。平地起波瀾！這是北方野心家想乘機混水摸魚的求之不得的妙計，是即他們的用意並不在彼，而在此，惟因有浙江之前轍，所以此地公民或自不敢輕舉盲動。北京如果眞地有意國有它，北京應三省而後行，因爲不僅湖南，其他各省亦怕國有它們的鑛山，因而將共同起來反對北京。自來，在中國，地方自治根深蒂固。今日如欲實現萬能的中央政府，則無論從共和的精神看，或從歷史的觀點觀察，皆屬倒行逆施。反此，若以地方自治爲運用資料則爲順，而欲顚倒這種順逆，以實現純粹的中央集權，則需等待偉人的出現。

誠然，在實際上，中國自古就是地方自治的國家。今日亦復如是。可是日本人却以觀察日本的眼光來觀察中國。因此，日本官僚便以政府間的親善爲中日親善，日本實業家以爲只要得到中央政府的認可，萬事便可推行無阻，這實在是可笑之至。官僚政府與官僚政府之間的中日親善姑暫不談，日本實業家們——該是中國通的日本實業家們之受中央政府影響，而致使事業失敗，這是何等的愚笨。事業之失敗或尚可忍；但由此而大大地損害中日之感情，則大不應該。而興亞公司之在水口山、天平山問題束手無策，大倉組之在南京鳳凰山鐵鑛進退兩難，中日興業公司之在桃冲鐵山不知所從，在在皆是只看中央無視地方的結果。如此親中央、疏地方，利益感情兩失，反而將過歸咎於中國國民性，中日親善，其意義何在？欲親中央，可，但絕不可無視地方。這是我欲警告我同胞的第一要義。

連日之陰雨已停，春色又新。鈴木社長之健康與日俱進，遙舉酒杯，以爲慶祝。敬啓。

三月三十日　於長沙學問街黃公營葬事務所

拜啓者，雨歇天晴，有如夏天的氣候。準備來過酷寒的我，實在難受。前天，曾與久原的宮田君、三井的片倉君、山田純三郎君和松本君一道上嶽麓，杜鵑花已開四成，風景之美，令人忘歸。下星期天前後，全山之花可能盛開。大家商量，屆時當帶辨當上山一酌。該天，一歐君一早就上山監督工作，在山上與我們一行相遇，因此在山頂上的事務所請我們吃中飯。

事務所有道士堂。其風景亦足賞。此堂有今年七十九歲的老道士。據說，此老道士走山路比壯年走得還要快，上次我來時，他以爲我是中國人，因此拼命要跟我談話。在傍邊的一歐君的岳父告訴他說我是日本人，他驚愕地問我幾歲。我答說四十八歲，他搖頭說六十歲以上。聽了之後，我非常傷心。回來之後，應香月棉外君之宴。是日本菜，我很喜歡。棉外君，福岡人，爲已故香月恕經翁之公子。

昨日亦爲晴天。多日爲雨天所困的我們，以

猶如籠中鳥得了自由之勢，又到郊外散步，宮田君、松本君和我三人，爲了觀看前日所種植櫻樹的模樣，遂到譚督軍太夫人墓地。所種櫻樹不但未死一棵，山櫻已落花，吉野山八重櫻花正要開，因此大家至爲滿足。很意外地，此地有許多蕨菜。遂摘之帶回宮田君宿處「美和」以爲酒菜。其風味，不可言喻。宮田君提議再去摘，獲得了大家的讚同。

本月一日爲此地明德學校建校十五週年紀念日，我被邀去演講。此校係由胡元倓君所經營，兼有小學和中學，黃公亦曾在此執教，據說，黃公第一次從湖南亡命日本時，係由此校動身的。由此可見黃公與胡君之關係的一斑。當日出席的學生四百多人，主要來賓三十多人，下午三時正開始。首先由校長胡君致開會辭，並介紹我，繼而我上臺，李肖聃君擔任翻譯，歷時一小時四十分鐘。其次是教育會長，再次是省議會議長，最後是譚督軍兼省長的演說。會後，在別席有宴會，獻酬乾杯又乾杯，我終於醉倒。據說，該時督軍也喝醉了。有溫厚篤實君子之風的督軍，於斯道也是能者。可謂有良伴。

每次涉及酒事，總對天眼社長不住。希望他早日恢復健康，能夠喝酒。敬啓。

四月十一日　於長沙學問街黃公營葬事務所

拜啓者，湖南之富有名勝古蹟，儘人皆知。山有衡山、嶽麓山，嶽麓山下有嶽麓書院，據說爲朱熹講聖賢之道的地方。今日在此設有高等師範學校。不進校園，不能見此古蹟。屈原祠在山的右手山腰。屈原的高義清節，千古不朽，今日尚與省立中學校門併列，題曰「三閭大夫之祠」，可謂上品。在此種古蹟建設學校，雖不無稍許殺風景之嫌，但在具有不朽之歷史古蹟辦理教育，我認為仍然甚為適當。如以此跟岳州之岳陽樓做為營房相比較，則有天淵之別。

古蹟不止此，還有曾國藩之廟，何某祠，幾乎不勝枚舉，但我皆尚未去過。此乃生來之懶惰，以及下雨連天所致。

可是前天，一歐君却來我房間遞一張紙說：「無聊嗎？看看戲罷。」仔細一看，是演戲的廣告。紙中央，用粗筆寫着「黃克強」三個字。「是什麼？」我問。他答說：「是關於爸爸的戲。」上面有演員的介紹。主角黃克強、老太太（黃興的母親）、夫人、一歐，還有舊同志的名字。來參加喪事而看戲雖有些不相稱，但這是關於黃公的戲劇。錯此機會，恐難重睹，於是偕香月氏夫妻、安澤氏夫妻、山田、宮田、橫田、松本諸氏，於下午五點準時到育嬰街的新劇社。

故事分成「湖南講學」、「日本會議」、「香港籌餉」、和「廣東起義」四段，舞臺似有劇幕似無劇幕，而換場面時，有兩三分鐘的時間，此時便是樂隊的樂奏，它的結構似很適合似耐煩而又似不耐煩的中國人的氣質。

戲始於黃興在明德學校教書，他站在講臺給學生講課。校長胡元倓（號子靖）和國文老教師在那裏傍聽。黃興大事抨擊守舊主義，鼓吹新學說，呼籲改革的必要，對此，胡校長喜色滿面，但老教師却屢次搖頭嘆息。

場面移到學校的事務室。兩個工友把黃興的

行李運到事務室來。好像很重。事務員想把它移到事務室的一角，但抬不動。因懷疑遂毀鎖打開來看，結果是手槍和炸彈，事務員着驚喊了一大聲，在隔壁房間的胡校長也來看又嚇一跳。此時來了黃興，頓覺糟糕，但遂恢復鎮靜，以如無這些，無由救中國來說服這兩個人。這兩個人終於同意了，並想趕緊收拾的時候，前述之老教師在隔壁聽到吵聲而進來，並堅持要吃雞蛋樣的東西。胡校長和事務員設法瞞騙了他，此時場面一變而爲茶店。

不知道在何處喝的酒，老教師醉步踉蹌而走進茶店坐下。那裏還有三、四位其他顧客。其中有一個面相惡劣者，是爲警探。老教師乘醉開始鳴不平說：「我以此年齡，每天授課，年薪不過五元。可是最近剛來的小伙子黃興教一小時却可以拿到一塊錢。並且其所說，皆爲無視國體的話，簡直是亂徒。」聽了這些話的探公，遂端來更多的酒菜，以爲老教師的不滿加油。老教師終於說出手槍和炸彈的事。瞬即場面又變成黃興在事務室看報。

一會兒，胡校長和事務員也來事務室跟黃興一起看報紙。此時工友跑來說：「警察來了。」黃興站起來縐縐眼眉，拍着胸膛說：「不要躭心；爲事拜托」，並很快地躲起來。瞬即穿滿朝裝的捕手闖進來。胡校長大罵說：「幹嗎！」捕手長說：「黃興涉嫌，我們來逮捕他。」胡校長說：「黃興不在這裏。」捕手長說：「工友說他在這裏。」捕手把工友帶來。對於工友說「我說有」，校長拼命解釋，此時換成在龍萸溪門前龍與黃興站着談話的場面，龍爲了拿旅費給黃興進房裏去，黃興一個人站在門內。

龍萸溪是第三革命當時湖南省臨時省長龍璋氏胞弟。他與黃興相通其心。黃興在等他出來的時候，捕手跑上來把黃興的手扣住。黃興驚問說：「你是不是抓錯了人？」捕手問說：「你是黃興罷？」黃興答說：「我是來收款的商人，常常出入於龍家的黃興先生好像剛剛進去。」捕手放了黃興闖進龍邸。黃興馬上逃逸，場面變成捕手闖進去的龍家。

龍氏當時是兵部侍郎。因此捕手不敢亂來而說：「請把黃興交出來。」龍氏答說：「黃興不在我家。」捕手說：「在外邊的那個人說他在這裏。」龍氏聽到此言便放心，並責問說：「如其不信，可搜查我家，如黃興在這裏，我願同罪。但如果不在這裏的話，……。」龍夫人也說了一番大道理。捕手終於叩頭而去。龍夫人躭心黃興的安全，因而說：「已經沒關係了，把他帶來藏在這裏罷。」龍氏也同感，而正要出門的時候，變爲一家理髮店。

逃出虎口的黃興，跑到這家理髮店。說服太太而借用了理髮師衣服，把它換好的瞬間來了一個偵探，說：「黃興來了告訴我」，爾後給理髮師一些錢而他去。黃興以爲這裏也是危險，於是假裝肚子痛要到厠所而逃脫。

此時場面一變而爲黃興宅。黃太夫人、黃興夫人和一歐均在家。這時因爲龍氏的好意，來了一位黃姓的牧師慰問黃太夫人，並說：「黃先生如果回來，請他到我教會來，夫人、一歐如果覺得危險，也請一道來，因爲教會誰都不能干涉，所以很安全。」說罷，牧師就回去。黃太夫人說：「我要死守此家，妳們到娘家去好了。」黃夫人和一歐走了之後，便換場面。

新的場面是廖昪昉宅。廖氏是黃興的岳父。突然有人敲門，廖夫人一開門，竟是女兒和孫子的一歐。一會兒，又有人來敲門，這一次是黃興。黃興說，因爲犯法，想亡命日本。其岳父聽他說日本，非常驚愕，不過不知道他犯了什麼法，但勸其躲在較近的地方。所以黃興說要到上海。岳父、岳母稍微心安並問說：「有沒有旅費？」黃興說：「沒有。」岳父給他三百元，黃興與夫人、一歐惜別而換場面。

這個場面是黃興亡命日本。首先有日本旅館，本有日本掌櫃、下女的上場；不知道從什麼地方，他們雖然借來了和服，但不知道應該怎麼穿，在那裏束手無策時，忽然發現觀衆裏頭有日本婦女，遂來交涉請香月夫人和安澤夫人臨時客串。兩個日本的先生都以爲這是演戲，所以勸他們的太太上場，於是有現成的兩個日本下女。但這兩位夫人的擧動却都很不自然。脚指挾在草屐緊緊地脫不下來，坐下來膝不能彎，其中腰的樣子之滑稽可笑，使觀衆抱腹笑個不停。此時黃興穿着西服出現。有兩三句相當滑稽的問答，然後就閉幕。

昨天晚上，我們又都去看第二部戲，但山田氏沒來。

日本觀衆太多，好像不大好演，所以把在日本開會的部份省掉，而遂爲在香港籌餉的場面，劇中人有譚人鳳、陳其美、胡漢民、趙聲、韓恢以及當前敵人張鳴岐。

場面是香港趙聲臨時住宅。（趙聲曾任南京

團長，他被發覺爲革命黨員，而被通緝，因此逃到香港。廣州事件前來日本時，曾住我家）以黃興爲首，譚人鳳、胡漢民、陳其美等在商量討論如何搬運手槍、炸彈。趙太夫人躭心說：「我不許我的兒子參加革命黨。」大家輪流想說服她，但她却不聽；不過趙父已經同意，但爲了安慰趙太夫人，他想把趙聲從會議席上拉出。在趙聲苦心之中，會議決議把槍械裝在棺材，當做死人來搬運。

下一個場面是廣州城門外。在清朝警官嚴格警戒下，譚老以苦力樣子安全通過，黃興化裝跟其他十幾位同志亦安全渡過。最後，哭男跟着棺材上來。官警認爲棺材應由城內運城外，由城外運進城內實在可疑，遂予以打開檢查，結果發現是武器，於是鬧起來。黃興認爲事被發覺，遂跟官警正面衝突，殺掉官警，而直馳總督衙門。

場面爲總督衙門內，都督張鳴岐的庭園。張最近因爲革命騷動而睡不好；今天似爲空閒，在院子裏請客。在他跟着他女兒拉的胡琴高聲唱出頭一聲的時候，手槍、炸彈同時爆發。張及其家人，周章狼狽而逃避。

在總督衙門外，黃興等同志的搏鬪，而閉幕。

下來的場面是一個老百姓宅。有一對夫婦，先生外出，太太一個人在家時，黃興跑進來，他向這位太太坦白告訴她說他是革命黨員，並請她藏他。她知道黃興是革命黨員，非常同情他，並把他藏在寢室裏，她自己站在寢室前面來保護。先生回來，覺得太太的舉動有點怪，一開寢室，竟有一個男人在裏頭。先生嫉妬之情不可抑，遂拿把菜刀想殺黃興，惟由於黃興的辯解和坦白，而大為同情，因此給他衣服化裝使其逃避。

場面變為處死黨員的刑場，繼之而為香港趙聲宅。趙聲被乃母攔住而終於未能參加，以為非常沒有面子的時候，同志譚老、黃興等四、五人逃來趙宅報告起事失敗的經過。趙聲聽之非常氣憤，當場氣死而劇終。

其故事，在大體上還算正確，但仍有些小錯。譬如黃興亡命日本前，在上海時曾經被捕，但在劇中他們却把它省掉了，原因是，如果演這部份的話，楊度、郭人章（璋）等當年的同志後來變節的人都得上場，這樣不妥，因而故意沒演。嗚呼！變節者，連演戲者都要排斥你！

在這劇中，舉動、眼神、表情最佳者還是黃興，其次是惜別時一歐的表演也令人流眼淚。我問真正的一歐，當時一歐是九歲，而戲中的一歐才是五歲。做為演員，這個小孩眞是後生可畏。

戲院之客滿不必說；每次黃興出現時，其掌聲如雷，使我落淚。

明天是蔡公的出殯。幾天來天天下雨，天氣缺佳。邊禱告明日天氣好，邊寫此信。敬啓。

黃興的國葬

四月十六日　於湖南長沙

拜啓　黃、蔡兩公之國葬，如所豫定，已於十二日（蔡公）和十五日（黃公），全部完成。

此地現今尚在下雨。過去曾經有過四、五天的好天氣，爾後連續下了十來天，大家都在躭心蔡公出殯日的天氣。當天風雨俱大，參加殯儀者滿身淋雨，因此大多未過河，而在這邊拜別；弟本來準備送到墓地，惟因衣服全濕，天氣太冷，終於在河邊就告辭，而跑到日本旅館「美和」去借棉襖穿回到黃公館。參加黃公國葬者，有堺領事等六、七人，都跟弟一樣，到河邊就回來了。

參拜黃公之日的十三日，一早就有小雨，但雨停了一陣子；而從七點鐘左右，參拜者絡繹不絕，迨至下午十時（原來規定到下午五時），一直不斷；主葬者更不用說，接待者的疲倦，實在令人同情，但大家却秩序井然，一絲不苟，而使參拜者個個讚歎。十四日是參拜最後的一天，因此來者更多，直至深更半夜，才絕人迹。

連續了兩天陰天，因此，大家都在躭心十五號的天氣，而十五號一早雖然也是陰天，但並沒有將要下雨的模樣，加以不冷不熱，所以皆大歡喜。出棺也照原來豫定時間準時完成，按照軍樂隊、軍隊、警察隊、學生隊、各團體代表的隊伍順序，爾後是友人執紼隨着，靈柩、遺族繼之，柩側由師長、親戚以及遠來親近之老友隨從而行，由於路窄人衆，因此寸步難行。到河邊不足一里路程，但却費了兩個半小時。在河邊，另有接待員，大家各被分頭領至碼頭上船，而靈柩一到河邊，便同時吹哀笛，此時誰不流淚？

未能渡河的人，爲了看空前的國葬而雲集者，皆無不落淚。當天，日清輪船公司特地準備了一條小汽艇以載運日本方面的參加者。堺領事以下三十多人，加上前天由北平趕來，是夜跟我在我房間談到天亮的張繼氏，同上此船渡江，以等待靈柩的到達。

十艘小汽艇，各掛着軍旗的六、七艘官船，皆載運著人，慢慢渡河；最後的小汽艇，用白布裝飾起來以載運靈柩，樂隊隨其後面，吹奏哀曲，極其悲壯。靈柩一抵對岸，禮砲殷殷鳴響，爆竹亦和之，因而更加悲壯。

從此地到嶽麓山上黃公墓地不到一里路程，但先頭隊伍却已經走了一半路。下午三時，靈柩到達墓地，它被安置於挖一丈八尺深，用水泥積四尺高的巖窟中，前面設一祭壇，大總統代理、湖南督軍譚延闓氏先敬禮讀祭文，然後各代表同時敬禮，下來我們日本人以堺領事為先頭，由堺領事讀祭文，爾後行同樣的敬禮。

當天也來了七、八個洋人，他們裏頭有穿普通上衣、長鞋，似來玩山遊水的樣子者，而使有心人深覺其無禮。如此這般，十幾年來共過艱苦的我友，終於以新共和國的國典埋葬完畢，而跟我們永別，而從北平趕來的張繼、李書城、何雪竹諸氏，以及由上海趕到的譚人鳳翁，就在墓地低回顧望，不忍離去。我們日本人，則由曾繼梧氏接待，在途中事務所少憩，黃昏時刻才渡河回來。回到黃公館的我，心如麻，身如棉，時至今日，執筆仍覺痛苦。敬啓。

四月二十二日　於長沙

拜啓　黃公的國葬完了之後，宴會又宴會，連喜歡喝酒的我都受不了，其他不會喝酒的人那就更不必談了。這是想在各省代表和遠來的同志還沒回去之前來招待他們的緣故。十三日雖然是黃公的參拜日，但蔡公那邊却在宴會。這雖然有點奇怪，但這是出於不得已的。黃公出殯第二天亦即十六號是譚督軍的大宴會，十七號是黃公事務所的大宴會，爾後，天天有大小四、五次宴會，據說此亦爲湖南未曾有之事。李書城氏離開得最早，他乘十七號晚上的船，張繼氏搭十八號晚間的船，季雨霖氏和胡瑛氏也搭同船。這是變相的吳越同舟，使人莫得其解。

胡瑛氏於黃公出殯前一天由漢口來。當天他到黃公營葬事務所參拜黃公靈柩後，則到我房間來問候。他只做普普通通的寒喧，而沒談及其他任何事；我也只問候他太太和千金，而沒談他事。他坐臥不安，無所措手足，我也只抽着香煙。如此這般經過了大約二十分鐘，他就走了。

胡氏走了之後，李、石、徐諸氏來我房間，笑着問說：「胡瑛來說些什麽？眞沒有面子。您跟他談了什麽？受窘了吧。」我稱讚胡氏做爲黃公的門弟忍辱來參加出葬乃是德善之勇；但後來我聽人說，胡氏係想利用這個機會來爲他自己辯解者，並罵他這三、四天來的行動。我不知道它的眞相，不過我覺得，此時此地來辯解，來攻擊，都大可不必。對於胡氏和孫毓筠氏，所以變節，有一位老同志說，是因爲他倆在坐牢時抽上鴉片，出獄後仍然改不過來，最後致使鴉片麻醉了良心而變節，我認爲說得最爲中肯。凡是知道同盟會創立當時之胡瑛的氣概的人，誰敢相信今日他竟會變成這個樣子呢？鴉片之罪也。胡氏說，他現在漢口經營小小的實業。

迨至十九號，各省的代表也大多走了，但宴會仍然還在繼續；及至昨天，才逐漸告一個段落。我因爲躭心自己的健康，一半以上的宴會都予以辭謝；而於十八號，跟一歐氏夫婦及其妹妹登上嶽麓，將黃公生前所愛好的東西數件，和久原房之助氏所贈送的日本刀一把納於石室內，做了最後一次的告別，並拍紀念相片，鎖上石門，黃昏時刻回來參加了一個宴會，然後上船跟張繼氏暢敍，與季雨霖、胡瑛兩氏握別。

二十號，中日興業公司的倉地知鐵吉氏赴北平途中順便到此地，廿一號，因為他要向黃公表示敬意而要上嶽麓，因此我和松本君也就陪他上去。當天，由於一歐氏有要事，不能上山，所以由其岳父李氏代為陪倉地氏上山和接待，回來時，到了黃公營葬事務所日本人招待會，然後參加三井在「美和」所舉行的宴會，而把山田純三郎氏送到船上，回到住處時已經早上兩點鐘了。而我之所以能夠維持比較健康的狀態，乃是儘量辭宴會多上嶽麓山之所賜。是夜，倉地氏也北上了。

兩個月前就成為懸案的此地借款問題至今尚未獲得解決。湖南省政府當局和人民都相當困苦。如前函所奉告，經由此地領事報告日本外務省，正由外務省游說資本家擬請其來投資之時，此地財政廳長袁家譜氏竟在北平與湯淺洋行談妥契約原則，且以為這比日本外務省所推介資本家所提出的條件優厚，因此準備與湯淺洋行成約。惟因還有其他各種複雜因素，致使至今還不敢做最後決定而已。

湯淺洋行的這種先發制人的作法固然不敢領教，但資本家們「老牛推車」的態度也實在大有問題。要借，就趕快借給人家；如果不借，則應該「欣然同意」由湯淺洋行來借；不過有錢人的想法卻不會這樣簡單。他們是喜歡推、拖的。而此間中國人多認為資本家們裏頭某有力份子在湯淺背後「搞鬼」。這雖然是有點過份的猜測，但非湯淺單獨的工作則非常顯然。日本島國根性竟發揮到中國大陸，實在丟臉。

是否因為這種緣故，在正在開會中的省議會，數日前便有人用文書質問督軍兼省長的譚延闓氏說：「據說目前跟日本交涉中的借款是五百萬兩，以此金錢能整理紊亂的湖南財政嗎？請一週內賜予說明。」

誰人都知道，縱令以一千萬兩，也無法整理整個湖南的財政；而對於省議會所通過的抵押條款，亦即湖南礦業稅年約八十萬兩，鹽的附加稅年約二十萬兩；另外水口山的礦物販賣權中，日本資本家認為前二款富有政治借款的意義而不予接受。

要之，單以水口山的礦物販賣權，是否能够借到一千萬兩尚有疑問；而縱令在日本資本家們中間獲得協議，五百萬兩成為一千萬兩，他們一定還要要求其他抵押或利權，所以本件可能還要經過不少的曲折。

黃公的喪事完了以後，又開始下雨了。到上海還是下雨，日本將是雨季，既然到處都是下雨，我想在這裏多呆幾天。敬啓。

湖南借款問題　五月四日　長沙北門通泰街三九號黃寓

拜啓　黃公喪事告一段落之後，因為忙於營葬事務所的善後等事而致使最近沒寫信。

如報館特派員的電報所報導，此地借款問題糾紛錯雜，終於惹起湖南省民的反對運動，更演變為對於省議員歐陽振聲氏和久原會社所計劃精錬所建設問題的反抗，或為對於中日銀行的排斥，排日反日之風如火如荼。

此地百姓，因爲紙幣發行過多，物價騰貴，貧民陷於絕境，因此沒人反對借款本身；省議會和報紙也都認爲有借款的必要；惟因財政廳長在北平時擅自跟湯淺某簽了契約乃是問題的開端，加以譚督軍透過日本領事所求的借款遲遲沒有進展，所以發生上述的問題。

不過，借款之遲遲不決，亦決非偶然，因爲有在公開的借款方面既出面，但在後面却又跟湯淺攜手，在那裏權其兩邊以便投機取巧的大公司的存在，眞是卑鄙之至！如果因爲老百姓的反對，湯淺的借款不成，同時透過日本政府所求的借款也沒有獲得成功的話，最後可能由美國等國家解決此一問題，屆時，不僅僅在大陸發揮其島國根性的日本富翁大丟其臉，而且更將是日本的國恥。

關於久原會社和歐陽振聲氏的精鍊所問題，有的人說此種事業應由省來辦理，有的人認爲這是久原想獲取水口山所作的精鍊所計劃，以爲水口山將爲久原所篡奪而反對。是卽其反對的理由，不能說是非常充足，但却也有其政治意味。我個人倒覺得，在此地被視爲官僚的歐陽氏，人們以爲他想靠金錢以在湖南培養其勢力，乃是百姓反對的眞正理由。而湯淺借款多少也有這種味道。則：袁財政廳長如果不是梁啓超派的人的話，稍微修正其條件，這件事便會很快地平靜下來。

至於中日銀行，可以說是挨了上述兩者的側仗，實在令人同情，特別是久原氏。第三革命當時，久原氏曾給革命勢力以最大的支援，乃爲中國人所周知的事實；爾後，久原氏竟在第一興亞公司問題、造幣問題、一千萬元借款問題，和此次的跟歐陽的精錸所問題，連續失敗了四次。俗語雖然說逐鹿者不見山，但如果這樣的話，久原氏對於第三革命的義俠行爲完全白費了。雖然大家都知道，這決非久原個人之過，而是在北平的其店員太醉心官僚的過錯，但失敗太多就是一種恥辱。再錯，決非所以表示久原氏之偉大。嗚呼，如我所常常強調，醉心北京不只是久原的過錯，也是一切日本人的通病。

在這裏，我想談談美國人的做法。美國人正在計劃以二百萬元在此地建設醫學院（原文爲高等醫學校——譯者），並準備在今年之內開始授課；而其附設醫院，則將與省政府當局共同建設和經營。其做法的實際和遠大，遠比日本資本家之互爭眼前利益而終於兩敗俱傷，實有天淵之別。又，據說，在日本有識之士中，有擬利用美國資本投資中國的計劃者，這如果能實現，當然最好，但我不相信美國會有，讓到處使中國人引起排日感情的日本商人去利用其資本的笨蛋。居住此間的美國人，其人數雖然不多，但他們却都很懂得中國，而在懂得中國人對日本的感情這一點，他們絕不遜於日本人。對於中國問題，我們日本上下實在大有加倍奮發努力的必要。我認爲，對於解決中國問題，我們日本人還是不夠誠意。所以問題的解決惟在於徹底拿出誠意來。敬啓。

五月十二日　於長沙通泰街三九號

黃郛

謹啓　前天，在上海的朋友來電要我在二十

號以前回到上海。不知道爲了什麼事，不過我只有搭乘明天晚上的輪船動身。因此湖南通訊也就以此爲最後一次。我準備本月底離開上海回國。

此地借款問題仍然尚未獲得解決。而湯淺問題以本月十五日爲暫時契約期滿的日子，對方雖然在請求延期，但究竟將如何演變，無人敢卜。但我想可能自然消滅，關鍵在於日後財團將如何應付此問題是已，當然這會有許多曲折的。我認爲，這些富翁大可以湊個五百萬元無條件地借給湖南省民，不過問題却好像不是那麼簡單。

關於排日問題，如上次也略爲說過，我們似乎可以把它當做對於躲在湯淺幕後的中國人的反抗。要之，這是別有用心的排日，因此跟着湯淺的進退，這些幽魂也將隨之而告退，若是，排日也就自然而然地會消滅。

來此地時，水涸不得欣賞洞庭眞景，後天將能一睹吞吐長江之大水以調和水流的眞洞庭，眞是高興之至。

來湖南整整三個月，但還是沒玩够，現在仍大有難捨難離之情。惟黃公既已鎮座於嶽麓山上，其家人之悲傷亦稍微減少，這是值得告慰的。我準備不向諸同志朋友辭行離開此地，因爲怕他們以酒圍攻。敬啓。

五月十八日　於上海崑山路第一號

謹啓　如前函所奉告，我是準備偷偷上船的，但秘密易漏，所謂隱遁是最佳的顯露，則先被二、三位中國人所得知，於是一天三宴，大醉而上船，是時日本幾位朋友趕來乾杯，我終於醉得人事不省，醒過來時已經是十四號上午十時許、與同行的松原理學士聊天昨夜之事，爾後吃中飯，此時船已進洞庭湖。

去時和回來時的洞庭湖完全是兩個世界。以前是大河，現在是大海。以前的君山不能令人滿意，但浮在水上的今日的君山却能使我感覺古人確不欺我。

十五日上午七時到達漢口。往訪兩三位朋友，松原理學七和柴田君請我吃晚餐，一醉，陶然回船。船於下午九時開始下江，在八江，偶然碰到「東京日日新聞」社的盛田曉君上船，在蕪湖，四位中國友人上了船，彼此聊天，昨(十六)日中午抵達下關。中國朋友在此下船，盛田君到南京去參觀，我和松本君搭乘下午兩點半開的火車，下午九點到達了上海。

歸來得知內人住院中。從葬禮到看護，可能還有其他事。風平雨平，據聞北京風雲甚急。

在湖南，我碰見過過去曾受您照顧的○○君。他一再要我向您致意。他在此地甚為活躍、得意。請釋念。

沒什麼收穫的湖南行，就此擱筆。敬啓。(譯註四)

(譯自「宮崎滔天全集」第一卷)

(譯註一)除潭字外，其餘兩個字是用片假名寫的，所以盧林潭是譯者自己猜測的地名。

(譯註二)「新內」shinnai，是一種說唱的技藝；「長歌」，又寫成「長唄」，念成 nagauta，配合三弦、笛子等唱的一種歌曲，常與歌舞伎舞踊等配合演出；「獨獨逸」，又寫成「都都逸」，念為 dodoitsu，主要的用口語以七、七、七、五格律共二十六音，歌唱男女愛情的一種俗曲。此外，還有用片假名寫的歌謠，但譯者尚無法查出它是什麽東西。

（譯註三）新島襄（一八四三——一八九〇），京都同志社大學的創立者，是位熱切的基督教教育家。

（譯註四）本文原文原刊於一九一五年二月十五日至五月二十三日，在長崎由鈴木天眼所發行的「東洋日乃出新聞」。

一九七五年二月十九日　東京

（原載一九七五年十二月號臺北「東方雜誌」）

八、廣州行

宮崎滔天

三月五日　由東京到門司

現在，我跟我的同人萱野長知君搭乘德國賠償日本的輪船克萊斯特輪，正在航行着濟州島海面。目的地是香港，否，香港對岸的廣州。

最近，我們的老朋友們在廣州聚首，努力於實現多年來的他們的理想。以往，他們並不是沒有努力，相反地，他們爲此理想而日以繼夜地奮鬪過。其所以沒有多大效果，是因爲他們的理想高，而一般人的水準低所致。可是今天他們的機會到了。時勢急轉直下，覺醒了一般老百姓，從而使其接近了他們的理想。從此以後，必將成爲眞正他們的時代。

我雖然這樣祝福他們的前途，但却並不想馬上到廣州。是卽與世隔閡，而爲陶陶亭老板的萱野君，和滿意於在東京郊外做小農園之主人的我，除對於卽將降世的大宇宙敎的研究外，毫不關心世事，而過着極其平凡的日子，惟爲老友們的友情所驅，終於決定聯袂到廣州去。

我倆什麼也沒準備，並決定不向朋友們辭行而搭最近要出航的船，動身的是上月十八日，船訂二十一日將由神戶出發的安洋丸，因此跟萱野君約定於二十日上午從東京動身，可是回到家以後，田中君却來轉告水野（梅曉？）和尙用電話告訴我們得申請護照，於是十九日，用最快的方法（卽請大官幫忙）把護照拿到手裏，但是仔細一查，從神戶到香港，安洋丸需要十六天工夫，於是改乘下一班次的克萊斯特輪。

如此這般，許多朋友得知我倆的廣州行，所以二十八日上午五時當我倆出發東京車站的時候，很多人來送我們；而火車一開，我倆便面對面坐下，相隔二十四年，我倆才又一道歡敍以前到香港和廣州的往事，談得不知夜更，遂至寢室一睡到神戶。

冒雨到海邊西村旅館吃早餐，然後踏進克萊斯特輪，覺得該輪雖然很大，但整理得還不够，這是因爲該輪屬於處女航所致。船於上午十一時正，載着百人百色的乘客往門司出發。不喜歡坐船的萱野君，很躭心天氣，但風雨漸停，通過八島海面時，風平浪靜，目睹瀨戶內海的美景，皆大歡喜，至二日凌晨，該輪安抵門司港。

三月五日　在門司的兩天

據說在門司只停泊一天，可是早餐後看布告却說：「四日上午十時開船」。這使我驚訝一番。

我倆遂開始商量如何過這兩天。到福岡去參拜亡友之墓呢，前往別府或者二日市的溫泉去玩，還是到耶馬溪（譯註一）去觀光？這些案都沒獲得通過。但我倆同意趕快寫信，於是到船上沙龍去寫信。

下午兩點寫完了信，我倆再開始商量，終於獲議到門司川卯旅館去吃鯛魚飯（譯註二），萱野君吃四碗，我吃了六碗。

這如果是十年前，我倆一定整天整夜喝酒，但我因爲生病，萱野君又禁酒，因此吃飽以後，我倆便到稻荷座去聽京山小圓的浪花節。天下泰平，我倆也隨之而變。

好久沒聽小圓的浪花節，這次也覺得很精彩。他的聲音雖然有所減退，但他的「工夫」確已到了家。他所唱櫻川五郎兵衞和河內山宗春都很成功。不過有兩點使我不能太滿意，那就是拖長聲音的時候，有些過分，使我覺得不大自然，另外一點就是他所穿的衣服似乎太花，使我有些惡心。

在浪花節界的大人物，除桃中軒外，我要推小圓和奈良丸，此外還有一心亭辰雄、早川辰燕和春日亭淸吉等老巧無雙，一騎當千之士，但在受歡迎的程度上，都不如前者；而在「工夫」方面，小圓雖比奈良丸高明，但小圓却不比奈良丸受人家愛戴。攝津大掾之說：拘泥名聲的藝人勿爲名人，最好把它看淡些，可謂至理名言。

回到旅館已經半夜十二點。遂就寢，翌晨洗了澡。早餐後又寫信，中午寫完了信復去吃鯛魚飯。跟昨天一樣，萱野兄吃四碗，我吃了六碗。萱野兄笑我非病人。

而最可笑的是，中飯後在回船路上，萱野兄忽然說想喝茶，一路上找茶店，結果找到一家小豆湯店。萱野兄吃一碗，我吃兩碗，萱野兄自認吃輸我，而我倆一起到小豆湯店這還是第一次。

三月六日　由門司到上海

在門司的兩天兩夜，克萊斯特輪裝了三千七百公噸的煤，但其船脚却浮上如故；沒風，但該輪却稍微往一面倒，我問船長其故，船長答說甲板高，貨物少（輕）所致。

討厭坐船的萱野兄，不願見到船倒歪，因此雖然風平浪靜，輪船並不搖幌，但却說吃不下去。的確，這船上的菜做得不算上乘，但也不能算差，所以對於近來不吃獸肉，而專吃蔬菜魚類的我，毫無痛癢。

根據服務生的說法，此輪的設備，有連大副也不懂的部分，因此只利用船的其他部分來開這條船。船長說此輪正研究中，可能指這種意思而言的罷。

船長又說，此輪只是由日本來管理而已，並未確定爲日本的船隻；喀布甫尼特亞輪雖然是日本船籍，但由於其設備過於完美（豪華），所以如收現行之船費，則不能維持，但又不便單單漲該輪的船費，因此至今尚無法開始使用該輪，這就五大強國的日本來講，的確是令人洩氣的事。我也覺得，確實如此。

像要睡，却起來讀法華經，却又像睡的萱野兄，不知想什麼而坐立起來說：「你說！我們如果像今天不喝酒，不愛玩（票），認眞工作二十年的話，總會實現理想的一部分，現在回想起來，眞是太不應該，太不誠實。我恨遲於悔悟。」

我完全同感。不過我們還沒老。我說希望以餘年來贖以往的罪過，萱野兄說，懺悔乃是罪過的終焉。萱野兄已經清白，我亦願向他看齊。

回顧過去，我們確太自大了，且以酒助長自大之心，從而誤人，誤天下，我們更以此稱快，可謂上天下地，唯我獨醒的「狂暴野郎」。惟今日已悔過，痛悟前非，願循知足小進之道，以修般若波羅密多之行。

我們看見了思慕多日的民國陸地。據說在上海的許多朋友，大多到廣州去了，但可能還有些人留在上海。上岸去看他們罷。因此暫時擱筆。

三月十日　由上海到香港

三月六日中午，按照預定，船抵達上海，停泊於某號碼頭。荻野老來相迎。他說，在楊宅等着與中國同志午餐。遂把隨身行李交給勝田館服務生，轉乘小汽艇到海關碼頭，勝田館主人和龜井君坐着馬車在那裏等；同時，居正君也代表同志在車子裏等著我們。

我們告訴勝田館主人說等下來，並要他準備鯛魚飯。而跟荻野老和萱野君坐上居正君的汽車，直駛法國租界的楊宅。在那裏，主人的楊庶堪君、三四天前剛從故里出來的戴季陶君和二、三位同志等著我們。

寒喧一陣子以後，戴君拉著一位肥胖青年的手而問我說：「記得不記得這個青年？」我瞪了半天猜不出來，所以答說：「不記得。」戴君說：「在東京的楊先生的公子。」我跟萱野君互相目瞪口呆地說：「他如果是日本的小孩，將被摔跤的要去。」於是我問楊君說：「令尊呢？」他笑說：「兩年前去世了。」因此，他爸在東京時費盡心血爲我畫的春蘭，便變成遺品了。

在如此寒喧中，酒菜已經齊備，於是大家就座。戴君以主人身份，向我倆敬酒，我倆不喝，大家問其故。我說我因病禁酒，萱野兄因爲信仰而禁酒。他們問萱野兄信何種宗教。萱野兄遂說明大宇宙教的大要，以披瀝他的信仰論的一斑，並示之以開山祖悉陀羅尊者（堀才吉？）所寫達磨的靈畫，和說明大宇宙教的教則、教義。達磨的靈畫，成於慧可大師之手，而這是悉陀羅尊者托我倆要送給大儒章炳麟先生的。

午宴後，居正、戴季陶兩君陪我倆去拜訪章炳麟先生。我跟章先生兩三年前見過一次面，而萱野兄跟他自民報社以來十八年沒見過面了。我們遂由戴君翻譯，告知來意，將悉陀羅尊者的禮物送給他。打開靈畫的章先生，一再地說「很好很好」，而看着這張畫；可是對於萱野對悉陀羅尊者的說明，章先生却連忙地說「奇怪奇怪」。可惜的是，將或能使章先生領會的大宇宙教的教則教義忘在楊宅。

上述靈畫達磨的畫像，我無法描出，但我願介紹由慧可大師靈示的贊辭。

阿羅耶究竟無我達磨蘆葉波羅蜜智慧三昧面壁九年忍辱心殺佛活魔觀自在活佛殺魔慈身廓然無聖殺王教衆生本來無一物切空多想佛魔界三法妙識大圓覺

慧可以繼達磨衣鉢的二祖馳名於世。慧可來到達磨面壁坐禪之處，請教達磨曰：「求道不得道，我心甚不安。願與安心。」眼看達磨不動如山，毫無反應，於是慧可便自斷其臂投擲於達磨，此時達磨始開其眼厲聲曰：「拿心來！」因此慧可心頭大亂而答曰：「內外中間任何處所皆求不得心」，達磨遂曰：「已給你安心了。」於茲，慧可方廓然大悟。這就是聞名於世的慧可斷臂的故事。

辭去章宅，在其門前與居、戴兩君告別，到達勝田館後才喘一口氣；我們非常感謝如常照顧我們的主人夫婦，主人說洗澡對消除疲倦最好，因而勸我們洗澡。我休息一會兒，邊喝茶抽煙，邊聽荻野老的話，這時已經端來了酒菜。

荻野老不喝酒，我倆也不喝酒，以爲辜負主人的厚意不好，遂舉空杯來乾杯，此時龜井君來了，酒遂由他來負責，荻野老的話及至上海時，吉住醫師也來了，爲之更熱鬧。龜井君以得酒敵而高興。迨至端來鯛魚飯，二酒豪也把酒杯排下，而跟我一起吃鯛魚飯。

這時宮地（貫道）社長也來了。閒談不知不覺之間變成棋談。社長與萱野兄初交手，社長在第三目便敗陣，他以心不甘的眼神看了看錶，而以似要在我們回國前想「報報仇」的動作回去了。他大概以爲在此只有通宵旁觀的份而走的罷。

客人都走了，而且龜井君也到別的房間去了，於是我倆便就寢。時爲十二點二十分。可是我倆總想睡而不能睡因此又聊天，及至兩點多鐘才入睡。

翌（七）日晨六點半起床，寫完了需要寫的電報和書信，萱野兄起來了，龜井君也來了我倆的房間一起喝茶。龜井君說，在此地，大家都誤以爲你是大本教的信徒。我說，讓他們誤解好了。不必辯解。惟我還不是說「日本是神國，外國是獸國」這種偏狹的神的信徒，而呵呵大笑。

大本教徒之中，對其神亦有各種不同的說法。但寄生其開山祖出口直並頻令其寫字的神，一定是偏袒日本，討厭外國的神。因爲，「日本是神國，外國是獸國」這句話，的確是該開山祖所喜歡的。

人皆依其理想知識的程度而想像其各種各樣的神。而各種各樣的人靈神靈又透過各種各樣的人來發表其意志。不啻是人靈神靈，連邪靈惡靈和野狐狸之類也在詐稱爲神，以攪亂人界的活動。因此，我們人類就是遇到不可思議的事實，也不該遂予輕信，而應善用其天賦的理性，以避免做錯誤的判斷才對。

我被誤解爲大本教徒，也不無理由。因爲我實習了大本教所行的鎭魂歸神之法。否，我現在仍在實習它呢！不過，這個鎭魂歸神之法，決非大本教的專利品。它是自古以來日本神道家所行的惟神之道，而和氣淸麿之仰神教於宇佐八幡（神社），和副島蒼海（種臣）先生之與菅原道眞公談話，係皆依此法；至於出口直的養子王仁三郎君之援用此法，雖不失爲一種見識，但其會帶有不小的弊害也是無可奈何的事情。

現在話歸正傳。關於此事，我實習完了之後，或有再談的機會，而就是被誤解，除非被汚爲盜賊或騙子，對於拜神的誤解，倒爲我所歡迎。事情之是否正確，與有無誠意，是兩件事；而日本浪人先生等，爲某種重大事件而拜神，似乎來自某些暗示，我倒認爲這是件好事。

已是早飯時間。萱野兄爲能再吃鯛魚飯而高興，我吃四碗，萱野兄今晨比我多吃一碗。我倆說，此次旅行是鯛魚飯的旅行，回途的時候也拜托拜托，隨即乘坐等在外邊的馬車，到東和洋行去看朋友，然後趕至海關碼頭，跟送我倆的吉住醫師、勝田館主人和龜井君告別，回到船上是在上午十點。

經過浦口，快到達吳淞時，船忽然停了。起初我以爲爲了等潮水，後來服務生告訴說，船的一部分機器發生故障了，爲了補充零件，大副上岸去了。我乘此機會拼命看書，船竟修了一天一夜才離開吳淞。據船長說，此輪許多重要地方，用的是新發明的專利品，所以一旦發生故障就非常麻煩。

海上風平浪靜，是很理想的航海。因此我對萱野兄說。這樣的話，你就不好意思說會暈船了，但他說，吃得太多。而在實際上，我也是這樣。雖然不吃肉，但還是吃麵包、吃麥片粥、吃米飯、蔬菜、馬鈴薯等等。不吃得太飽那就怪了。而且，吃飽以後兩個人夜間都作了夢，實在可笑。所以從昨天起，我倆決定要少吃。

昨天，跟萱野兄在甲板上晒太陽的時候，船長來把我倆帶到頂層甲板去參觀各種機器設備，並予以一一說明，拼命侍奉我倆，我倆正在心裏感謝之時，被領到船長室，這時船長把紙打開，要我倆爲他題字。事至此地步，要溜也可恥，遂與萱野兄鼓出勇氣寫了，爾後大副竟也來說「給我寫一張」。

在陸上，常覺得無聊，沒什麼可做；但在船裏，客人們却日趨親密，活動愈來愈活潑。這種現象，這兩天更是顯著，客人中年紀輕的一羣，手繫着手，合唱著幼稚園的學生所在唱的「龜呀龜」這支歌，在甲板上很快活地走來走去。

在這方面，我倆是門外漢。我倆生來不會交際，所以一天的十分之九的時間都呆在客艙，而在甲板上，除其他客人和我們講話外，就是聽聽毫無客套的船長的話。

船長說，第一次大戰後，在英國最受歡迎的是皮吉元帥，大家都一致認爲，他的海軍的成功就是英國的成功，但皮吉元帥却是位非常偉大的人物。皮吉元帥不自居其功，在各處的演講，他都稱讚普通商船船員的功勞，並說如果沒有他們的功勞，英國不可能有今日這樣輝煌的勝利。如果被長官這樣稱讚的話，誰都願意奮鬪犧牲的，可是日本當局特別是軍方却恰恰相反，他們要獨佔其功，搶賞不讓。我們日本人如果不能消除這種根性，並更爲大方的話，將不會再有人肯爲國家拚命。這實在是至理名言。

船長的話，逐漸變爲靈性的，更發展爲船長得意的催眠術、而至我倆所尊崇的悉陀羅尊者的大宇宙教，縷縷不絕，聽到中飯的鑼聲，我們便到餐廳去。

晚間，從八點鐘開始，自稱伊藤痴遊君之徒弟的某人，在頭等餐廳講故事，於是我們才得免於船裏兩個小時的無聊。

今（十）日夜晚，仍在船長室聊些靈性的事。世事天下事聊得盡，但靈性的問題是聊不盡的。這似乎是因爲靈性的問題超越時間和空間，加以談起來不知其趣味之止境所致。我縱然不能達到徹底大悟之域，但我却感謝我有體驗這種無限趣味的機會。

據說，此輪將於明晨抵達香港。若是，明天或能脚踏廣州之地。再見船長，克萊斯特輪，乘客諸君。謹祝諸君的一路平安。

三月十七日　香港的一日　於科列阿丸

十一日早晨，克萊斯特輪停靠香港對岸九龍的碼頭。到甲板上眺望舊日回憶的香港，樹木尤其是剛發新芽的碧綠欲滴的自然風景勾引我的心。我回顧萱野兄說：「我倆初逢於此地，他也感慨地說：「爾後你、我都到過此地幾次，但我倆一起到此地這是二十五年來第一次。」

旋即客人也多上甲板來了。有人說：「哎呀，香取、鹿島也在這裏！」（都是當年日本軍艦的名字——譯者）此時我們才知道皇太子（現在的日皇——譯者）所乘的香取在左手邊，鹿島在右手邊。據說，這兩條軍艦，也是昨天到達此地，準備明天開走的。

我倆當前的問題是，由九龍直接坐火車到廣州，還是先到香港，爾後坐晚上的船到廣州。據來迎接的旅館服務生說，火車是下午四點鐘開，但九龍沒有日本旅館。因此，我倆便決定在香港吃日本料理後，坐晚上的船，睡覺到廣州去。於是隨服務生的嚮導，下榻於以前叫做清風樓的東京大飯店。

到廣州的船定於晚上十點鐘出發。所以還有很多的時間。萱野兄慫恿我說：「二十五年了，我倆既不喝酒，也不必做聯絡工作，因此上山去玩罷。」可是大概因爲懶慣，我一點也不感興趣，但可能他比我年青三歲也是一個原因。

但說要上山玩的萱野兄，聽到下女說「可以做鯛魚飯」的消息，遂打消其主意，並且拼命催問鯛魚飯什麼時候能夠做好。

中午吃鯛魚飯，晚餐喝味噌湯，久不吃日本菜的肚子已經吃飽了，加以日本式洗澡充分消除了旅行的疲倦，惟對於旅館主人要求揮毫，覺得頭痛。萱野兄的字在我同人之間相當知名，而且圍棋又下得好；但我的字卻簡直是不像話。此時我才深心痛覺所謂「活到老，學到老」的眞理。爾後，由服務生嚮導，坐上「金山」到廣州去。

三月十七日　在香港的三天　於科列阿輪

船於上午六時正抵達廣州。何天炯君及乃弟來接我們。何君說，昨天晚上很晚才收到電報，所以來不及通知其他的朋友。遂把我們帶到碼頭對面的亞洲大旅館。

搞好房間，坐下來以後，何君便問說：「日本的情勢怎麼樣？」我們很扼要地說明了我們對於日本的看法。然後，沒等我們的問話，他就開始說明廣州的現況。平常爲我們所信賴的他，以很坦誠的口氣所說的這些話，掃除了我們在東京由報紙所得悉的種種所產生的一些不安。

早飯後，何君陪我們造訪　孫逸仙君於軍政府。在路上，看到街道的改修和有汽車使我們一驚。根據何君的說法，這個市區的改造，係由莫榮新所完成。這是値得讚佩的。

在中途，何君指着有軍司令部牌子的地方說：「這是以前的總督衙門，是黃興先生率同志偷襲沒成功的地方。史堅如君投擲炸彈被捕殺的也是這個地方。」嗚呼，這個總督衙門要變成今日的司令部，我們究竟犧牲了多少同志？好血的革命的神，你多麼地殘忍。

到達了軍政府，我想起這是觀音山麓。據說，因爲懼怕革命黨的攻擊，龍濟光曾經在這山頂上築造了其公館，並在其附近一帶建設砲臺以鞏固其防備。愚哉，龍濟光！此公竟不知任何金城鐵壁都擋不住天下大勢和人心的向背。

在會客室沒等多久，　孫君馬上就出來了。他以萬腔的熱情和我們握手。我邊握著他的手，邊打量穿著高領衣服的他，頓時覺得他具有應該成功的命運；而對於觀相學相當有研究的萱野兄，事後也這樣強調說。

孫君請我們一起坐下來，並以日語微笑著說：「日本怎麼樣？」我們答以對何君所答大致相同的話。屢次點頭聽著話的他，爾後一一問起頭山、犬養兩位老先生，以及他的其他朋友們的近況。我們一一答覆他。他破顏一笑說：「這是我唯一要問的事。現在來聽聽你們想知道什麼。」我們答說：「我們想知道的都已經由何君說明得非常清楚了」。至此我們跟　孫君談了四十分鐘。

爾後，我們便聊天。我說，在日本，有的人說　孫君是激進派，有的人認爲他是親美派，對我這種說法，　孫君答說：「世界在變化，但中國國民仍然是中國國民。隨時代的變化，其思想雖有多少進步，但在實質上，中國還是中國。我除了爲我中國國民對我們的主張已經多多少少地有所了解而高興外，我並不認爲我們需要修改多年來我們所主張的三民主義，因此我們決心徹底實行這個主義。至於所謂親美等話，我想不必由我多做說明，如果有人對此有所懷疑的話，我覺得應該問日本當局，不該問我。要迫我成爲親美派或者親英派，完全在於日本當局的態度。」說罷，　孫君呵呵大笑，而我們也不由得着跟一起笑。

這種聊天，再聊也聊不完，而且客人愈來愈多，會客室已經擠滿了人，於是我們遂站起來，孫君跟我們握著手說：「明天晚上六點，跟老朋友一起吃飯。」我們向他告辭後，由何君帶路到何君公館，與其家族午餐，稍休息後，何君把我們送回旅館，晚餐後我們便就寢。

三月十七日　在廣州的三天　於科列阿輪

不知道是因爲老病腎臟病的緣故，還是因爲飲食或者吃藥所致，在旅途中，我的尿一直很多。十二日晚上，照例起來上厠所小解，在門口却發現了白紙。撿起來一看，竟是張繼君和田桐君的名片。次晨我告訴萱野兄此事，他說：「夜裏我聽見有人在敲門，不過我以爲在敲隔壁的門。」

早餐後，何君來訪。他說：「最好在還沒來客之前走罷。」我們問：「到那裏去？」他答說：「先到鄧鏗先生公館去，爾後到黃花崗和燕塘去祭弔殉道的同志。鄧鏗先生在等著我們。」

趕緊準備好了之後出去門口，鄧君的車子竟已經在那裏等著。上車後，我們問：「這是鄧先生的車子！他現在在幹什麼呢？」他答說：「參謀總長。好威風哪。在這次戰爭，他跟陳烱明、許崇智和洪兆麟有過同樣的功勞。」

進去鄧公館，主人穿好西裝在那裏等著。現在他已經不是昔日垢面弊衣的革命壯士，而是一位堂堂正正的上將，可是他仍不失爲樸直、坦誠，一點也沒有架子的志士。我們只寒喧幾句，沒喝茶也沒抽煙，就上了車，通過新街道的廣場而往郊外開去。

到郊外首先看到的是，一里多前方的小山。我猜想這是二十五年前我登觀音山時所看見的白雲山，因而問何君是不是，他說是。不過它的樹木大爲減少，而幾乎成爲禿山，實在可惜。這時我憶起以前湖南志士畢永年君因爲厭世，出家隱遁此寺，爾後行方不明，以及畢永年君的導師釋紫林和尚的種種而感慨萬千。

車子停了之後，我們都下了車。何君指着門扉上面說：「那是史堅如君的銅像。」抬頭一看，它寫着「烈士史堅如先生之像」，無疑地，這是胡漢民君的筆蹟。剛才一直在那裏想開門扉的鄧君說：「此門不能開。」不得已，遂由外邊向穿著大禮服的史君銅像敬禮，然後離開。

開了幾公里路後，車子又停了。何君說：「這裏是黃花崗，是跟黃興先生一起攻擊總督衙門而犧牲的七十二烈士的墓地。他們的遺骸全部埋在這個坟墓裏頭。」七十二烈士的大部分，是我倆所直接認識的同志。見此景，聞此言，我倆不勝感慨。

我們流着眼淚，拜於墓前，一再地繞其周圍，憶往時，想將來，滿腔感慨而上車，到燕塘弔烈士之英魂，爾後又坐車去參拜仍然很新的朱執信君墓，然後前往白雲山附近的營房，去看被莫榮新燒光的地方。

歸途，在要渡過叫做沙河的一個小站休息，然後又坐車，何君指着與七十二烈士墓相對的小祠堂說明：「這是名叫金嬌的藝妓的墳墓。曾經有一個跟這個藝妓相思的某富翁的兒子。由於他倆相思，加以他是富豪子弟，有的是錢，所以每天晚上都去玩。可是有天晚上，這個藝妓一定要他回去。他倆也不是相思而相愛的關係，因此他便回家。當天晚上花園失火，包括這個藝妓，燒死了三百多人。由之他撿了一條老命，而爲了感謝和哀悼她，他便建立這所祠堂。」這番話，成爲轉變我滿胸愁思的心機的妙藥。這個藝妓的墳墓與七十二烈士墳墓遙遙相對，確有其對照之妙。

回到鄧鏗公館時，他們早已準備好了午餐。餐後遂到中國國民黨本部訪問張繼、田桐兩君，以謝罪昨夜的失禮，和暢敘離衷。可是賠罪的話還沒說完，似乎事先與何君已經談好，就又用車子把我們帶到城外的旗亭北園去，理由是，在黨部，人太多，不能談話。

的確，旗亭北園是個塵外的另一個天地。由於是星期天，所以出出入入的人很多，而張君早已訂好了在裏頭幽靜的一個房間，很適於知己的朋友閒談。我們談到過去、現在和未來，更談論到大宇宙教的問題，而令張、何、田三君連說奇怪奇怪。

當我們談得最熱鬧的時候，鄧秘書長夫婦來了。當然他倆不知道我們在這裏。張君向他倆舉手打招呼。回頭看見了我們的鄧君，趕緊跑過來跟我們握手，並介紹他的夫人。由此，我們的聊天更是熱鬧。不久就黃昏了。我們爲了取悉陀羅尊者所托要獻給　孫君的達磨的靈畫，和準備赴其宴會，先回旅館一趟，然後趕到軍政府。

孫君公館是以前的龍濟光住宅，位於觀音山上，由軍政府走很長很長的走廊臺階上去。到達孫公館後，　孫君把我們帶到屋外背面的石桌子，請我們坐在石椅子，並令人端來茶煙；而對於我們所帶來的達磨的靈畫和說明，　孫君也連忙地說奇怪奇怪。孫洪伊君和胡漢民君來了之後，又替我們說明一番。

參加宴會者，有新認識的孫洪伊君，和胡漢民、張繼、汪精衛、何天烱、馬君武、廖仲愷等民報社以來的同志。在宴會中，我們向　孫君說，我們將搭乘明天黃昏的輪船回日本，　孫君便說：「快點回去把你們所見所聞告訴日本的朋友罷」，可是其他的人都却說：「太快太快。那麼快就回去的話，爲什麼目的而來呢？最少得再住十天再走。」我說：「一切情況我們都淸楚了，所以我們才要回去。而呆下去，一天到晚宴會，只有搞壞胃腸的分」。他們答說：「我們不再舉行宴會了好不好。」世上沒有比朋友的眞情再可貴，但要我們早點回日本去解釋日本朋友們的誤解，而不說過幾天再回去罷這種奉承之話的孫君意中，却更有千萬無量的味道。

宴會後，上二樓接受　孫夫人的茶點招待。何君拍着洋臺的牆壁說：「你看，這是鐵板。龍濟光駭怕，因此才用鐵板來護身，但結果還是失敗了。」我仔細地看了看，的確它是鐵板做的，但鐵壁銅牆還是阻擋不了時勢。

宴會後，軍政府車子把我們送回旅館，時已經是上午一點鐘。不知道爲什麼，我倆都睡不著覺，似乎聊天聊到兩點多鐘才睡著。第二天六點就醒來了，而正在喝茶的時候，何君趕到，並要我倆出席洪兆麟君今天中午的招宴。何君既然答應了，我倆只有「遵命」。

這時胡毅生君和廖仲愷君也來了。一會兒，

張繼君和黃復生君也到了。看見人太擠，胡君和廖君出去，然後跟張、何、黃三君一起吃早餐時，洪君的參謀長來接我們。何君說還早，並叫他等下再來，可是沒多久他又來接了，並說大家在等。無可奈何，我們統統下樓去，與來客約後刻的再會，而坐上來接的車子到東園去。

洪師長出身湖南，惠州之役的時候，他是清軍的中士，當時他曾與革命軍打過仗。而今日他竟以革命軍的師長立功，更設宴款待我們，眞是有如「小說的事實」。他對我說：「當時，我一再奉長官的命令，要捕殺您。惟那時我已經奉革命思想，所以也就沒有執行上面的命令。」危險危險，人的命運因緣確不可逆料。

主人以下作陪的先生們，大多是軍人出身，很會喝酒，連太太們也都要我們多喝酒；我們雖以生病禁酒爲藉口而沒喝，但事後總覺得這樣做忽視了人家的好意，而覺得心裏有點不大舒服。

我們在中途就告辭，遂到軍政府向　孫君告別，然後到何君宅。何君送我倆各兩個硯臺，另外還托我們爲頭山老先生帶回去一個富士山形的硯臺。於是跟何君家人告別後，與何君回到旅館的同時，張繼、黃復生兩君也來了。不久，田桐、劉白君也趕到了。時間已經不多，我們趕緊整理行李。張君雖怕我們的行李重，但又想送其恩人宮島大八君，因此又托我們帶硯。張君的好心腸，使我覺得硯臺一點也不重。

何君說，時間還早，但還是早點到碼頭去好；並說，他覺得還有些話沒談完，所以想陪我們到香港去。我們遂上船，喝茶聊天。不一會兒，船即出發，朋友們也走了。依依不捨，而這次惜別之情更是強烈，因此對朋友們尤其覺得對不起。但為了避免多餘的宴會，和趕回去向日本的朋友們報告廣州的實況，這種特快行程是不得已的。

船早已離開了廣州市，航行著郊外的中游。立於新春暮色後頭遠近大小之山具有古塔情趣的南畫情調的景色，決非我們筆墨所能形容。連說還有話要說而陪我們到香港來的何君，也一直欣賞著其故鄉的風景，直至日沒，我們都談些風景的事情。

三月十七日　從香港到上海　於科列阿輪

由於一直在風大的甲板上欣賞廣州一帶的風景，因此傷了風，頭痛岑岑，鼻子也阻塞了；萱野兄說明天凌晨船將抵達吳淞，於是我忍耐頭痛，趕完五天分的稿子。今晨很早起來把行李弄好問服務生究竟，服務生卻答說：「明晨到達上海。」

於是到甲板上去走走，海水仍舊碧蒼。加以天氣晴朗，風平浪靜，有如鏡面，好像航行在瀨戶內海。昨夜我用流汗的治療方法把頭痛「醫」好了，因此我便再寫通訊稿。

從廣州到香港的船中，由日沒在船室裏談到半夜，上午三時抵達香港的日本旅館。馬上就寢，醒過來的時候，何君早已起床了。我問他時間，他說六點鐘。火車八點開，還有一個半小時，所以我和萱野兄也起來聊天。

大家都是男人，不是在戀愛，可是我們的話，卻無止境，把無精打彩的何君送到門外的時候，萱野兄說：「乾脆把他送上船去罷」，於是加上服務生四個人，便走到碼頭，將何君送上往九龍開的小汽艇，回旅館吃早餐，在服務生號令下，十一時上科列阿輪。

船於十二點半開航。今日風大浪高，我以爲萱野兄一定會吃不消，可是大概因爲習慣了，船又大，加以暈船藥的功用，他並沒受到什麼影響。而我也因爲此項藥，傷風完全好了。

在這裏，値得大書特書的是，跟雲南健將唐繼堯君的面談。他比我們早兩天到達廣州，並住在我們所住的亞洲旅館。我們忙中偷閑，經由其隨員山縣中校的介紹，於十三日上午，與何君和唐繼堯君面談。

面談時間大約爲二十分鐘。但在這短時間內，我們却能夠充分瞭解他的眞意。他以很清楚的日本話說：「我本來想善用此次失敗訪問貴國，然後到美國和歐洲去。但來到這裏，受到孫公以下以及許多從未見過之同志的熱烈歡迎以後，覺得非努力報答他們的同情不可。」我們衷心爲其決心祝福。

根據爾後山縣君來到我們的房間所談，唐君要撤退雲南省城的時候，省庫還有現款二百五十萬元，可是唐却祇帶出三十萬元做爲費用，剩下的二百二十萬元，和其他重要文件便交由他的親信副官保管，並命令該副官說，顧品珍進城後，應依帳簿一一點交。由此可見，唐紹儀君是個模範的革命將軍，是會很有前途的。

以前，南京革命政府決定把政權交給袁世凱的第二天，當時的三井分社社長藤瀨政次郎君，曾經攜帶漢冶萍借款的餘數五十萬元到南京，造

訪　孫君於總統官邸，但却被　孫君當面拒絕。起初，藤瀨君對　孫君這種態度非常氣憤，後來知道　孫君把政權交出的事實，藤瀨君的氣憤遂變成同情，於是又托人勸　孫君說：「明天您將是一無分文的人，請笑納這五十萬元罷。以後的一切責任由我來負責。」對此，　孫君揮淚說：「深謝他的厚意。不過做為革命家和首任總統的我，不忍詒留此種惡例於後世。」聽到這些話後，藤瀨君愈敬仰和信賴　孫君，所以他倆友誼因此而更加深厚。

孫君與藤瀨君的這件事，跟撤退雲南時的唐君的行爲，可以說是恰好一對的美談。在日本的武士道完全掃地，極端個人主義橫行的今日，我們在鄰邦聽到這種美談，實在是值得安慰的現象，而由這個美談的主人公——廣東軍政府的中堅來擔負天下事，相信天自必助其成功。廣東的前途，可謂多望多福。

根據專家山縣君的說法，顧品珍的佔領雲南，是一時的，在不久的將來，唐君一定會捲土重來。而唐君之將一切交給反抗他的顧君，其公德心實在值得讚佩。其氣宇已經吞掉了顧品珍，吞掉了雲南，和整個中國大陸。我問他幾歲，他答說：「三十九歲。」

我們並不喜歡懷疑知己友人之心事，不過相距日久自會疏遠，因此長久不見而聽人說長說短，自免不了產生某種疑心，而這也可以說是人情之常。所以對於廣東之事，他們赤化了；變成親美了；　孫君與陳烱明交惡；財政困難不久就會倒下去，如多聽了諸如此類的說法的話，人或會多少受其影響，有時候甚至會產生疑心，而這也可謂免不了的人情弱點。

對於廣東的事，日本報紙的誤報實在太多了。這些誤報，連把可以算是廣東知己的我們也幾乎搞糊塗了。惟說 孫君被赤化、親美乃至親英的報導，由於其非常缺欠條理，所以我一點也不予置信，但對於最後兩點，說實在話，我是很難受的。

不過，這種難受的情緒，經過平日朋友們信件的來往，馬上就消除了，但還是不能完全放心，而正在此時，同志們邀我們去玩，於是遂來廣東，所謂百聞不如一見，到達那一天，我們瞭解了一切。

對於廣東被赤化的誤報，當時我們在猜想，廣東如果眞的有此事實的話，其頭目可能是張繼君。而其爲錯誤的猜想，我們非常高興。張君說：「少年、學生之間確有此傾向。但它並無任何理論根據，而是好奇、痛快的少年人的好事，今日我在廣東專門在做揭穿這種人的錯誤，而這是可以說服的，現在可以說幾乎沒有這種人了。不懂得在今日中國不能實行共產主義實在是笨瓜。」

至於親美親英論，前述 孫君之言已經道破了一切； 孫、陳問題亦毫無根據，因爲跟我們同船的「時事新報」和「每日新聞」的兩位特派員，數日前訪問陳烱明君，曾說：「與其見面後覺得一點也沒有這種問題，我們好像被作弄了。」可以爲證。(不過後來陳烱明却叛變了——譯者)

此行唯一的遺憾是沒訪問陳烱明君。這固然是因爲時間短促所致，但主要的還是由於怕宴會。如果以前我們都能喝酒的時代還可以，但現在我們不但不喝酒，而且連肉也不吃，因此一天三、四次的宴會實在太痛苦；加以如果訪問陳君一定慢一船期，而如果慢一船期，勢必遭遇到宴會的圍攻，所以我們便決定不去看他。

如果有人問我，在我參加中國革命運動二十多年當中，最緊張的時代是什麼時候的話，我將答說：「在東京成立同盟會當時的所謂民報社時代和現今的廣東時代。」換句話說，在同志們士氣特別高昂這一點，民報社時代和今日的廣東是一致的。並且，今日的廣東是二十多年來歷盡滄桑，嘗盡苦楚所鍊出來的，所以我深信他們的成功是可期待的，惟其成功之後，是否能够生存下去，完全要看日本的態度。對於這個亞洲唯一有主義有主張的志士們，而且是在日本降世的這些志士們，日本將採取何種態度呢？

三月二十七日　在上海的九天　於熊野丸

在廣州祇是三天，覺得旅行非常急忙的我們，到達上海之後又不行了。本來，在上海，我們預定祇呆兩天，可是想見的人旅行去了，加以在珠江得的感冒日趨惡化，所以抵達上海後，祇出去兩天(即到達上海後的第二天和第三天)。爾後因爲身體不舒服，因此一直呆在勝田館的樓上。

十八日上午，從科列阿丸登陸，仍然下場勝田館，受到有如親戚的款待，而且特別爲我倆準備好了鯛魚飯，眞是不好意思。而我倆之興高采烈，自不待言。

十九日，經由杜義、鄧恢宇兩君的介紹，訪

問袁不同君，並承其招待午餐。袁君雖然是袁世凱的侄子，但他却反對袁世凱稱帝，且出於偏激的行動，因此幾乎爲其父乃寬君所殺，惟由於袁世凱的寬恕，才倖免於一死。據說，其所以使用不同這個別號，乃要表示他的主義與其叔叔袁世凱的主義不同；不特此，他的志操彌堅，尤厚於尚武的精神，日夜在練術道，據說且已達到名人的境地。我倆早就聽到袁不同君的上述遭遇，但從未見過其人，今日始得見面，發現其爲很有前途的人物，心裏非常高興。

我倆辭去袁宅之後，與杜、鄧兩君訪問了章炳麟先生。目的是爲了取回上次說要送給悉陀羅上人的揮毫。可是章先生却忘記這件事了。我請杜君對章先生說：「我們來拿上次拜托的揮毫……」，於是他便站起來，在堆積如山的書堆裏左顧右盼，轉來轉去，忽然想起來似地，從其一角取出兩卷書軸交給我。我以爲這就是章先生要送給悉陀羅上人的，可是他却索回並打開，再寫上「書此本以自遺會故人〇〇來贈之爲記念」這幾個字，於是乎這兩卷書軸遂變成我的了。

我請杜君替我說：「這兩卷書軸變成我的書軸，實在是無上的幸福。但上次所拜托的是，先生要送給悉陀羅上人的」，瞬間，先生便拿出白紙，用粗筆這樣寫着：「元氣漓漓障猶濕，眞宰上訴天應泣」。這似乎是對於上人所贈達磨畫的讚賞。眼看章先生寫完這些字以後，萱野兄便鼓出勇氣說：「請也給我寫一張！」章先生說：「好好」，然後又放好一張白紙而寫着：「腹中貯書一萬卷，有間低頭在草幕」。我倆感謝章先生的厚意，並祝其健康，帶着一字値千金的字匆匆告辭。

二十日，我傷風仍然沒好，頭有些痛，但來上海前已經事先約好，而且是吉住醫師的好意，因此遂跟萱野、龜井兩兄參加了吉住醫師的午餐招待。當天的甲魚料理做得特別好吃，我們看主人不喝酒，遂問他何故，他說：「如果你們喝，我也就陪你們喝，不過我是白天不喝酒的。」我和萱野兄遂表示贊同。

因此在座的，祇有龜井兄一個人喝酒。他連續喝了兩三杯後，不知爲何，突然把杯子倒置過來，並說：「從現在開始，我也不喝酒了。」我們爲他喝采。萱野兄說，我們此次上海之行，沒有白費。

的確，邊喝酒，邊論天下事是非常痛快的一件事。但在實際上，酒對於論事實在是有害而無益。自古以來，常聞因爲喝酒而搞壞天下之大事者，而很少聽過因爲沒喝酒而未成天下事者。不啻天下事，一身一家之事也是一樣。我們曾以自我辯護的態度數了喝酒的好處，但在其究竟，喝酒者，不外乎是想藉酒的力量來掩飾自己的弱點。

人類這個動物，畢竟是弱者。這個弱者動物爲野心和榮譽心所驅要做自己力量以上大事業而苦惱的時候，酒是絕不可或缺的慰藉者。換句話說，酒或爲非其器而欲謀大事者所不可或缺，但決非守己分，知足小進者所必需。至於既無大志，而祇藉着酒威來亂吹牛者，簡直是廢物（人）。

世上有所謂浪人。往昔的浪人有值得尊敬者，但近代的浪人却逐漸墮落，且大多是喝酒和吹牛的浪人，我們要坦白地承認，我們也是屬於後者的一類。可是時代大大地變了。喝酒、吹牛的浪人吃香時代早已過去，現在是如新俄國所標榜的「不工作者不得吃」的時代。因此今日已經無所謂浪人的名稱了。雖然如此，如果還有以喝酒、吹牛而自任浪人者的話，那是時代最大的落伍者。在這種意義上，我由衷爲龜井君因此一舉而遠離浪人這個侮蔑的名稱而高興。

龜井君出生於僧侶之家，二十歲時已經是一個住持，是斯道的後起之秀。某天早晨，他突然離開其寺成爲革命黨人，用拿念珠的手持刀槍，甚至參加了武漢之戰。而他之所以走上此道，我有擺脫不了的責任。

是卽二十年前，我在東京過着有如乞丐之生活的時候，有一天他帶了鯽魚、酒等來解我饑渴，自此以後，他曾屢次這樣做。於是，見到他，我便問他「有沒有人死」。因爲有人死，便有布施，有布施，他便帶酒肴來。由於這種因緣，而把他帶到殺人（革命）事業的我，今日雖然有幸窺悉佛道的一端，僧波羅密多之行，但如果他不復活佛道，我焉能獨安，豈能獨安。

而吉住醫師也是我二十年來的酒友，更是殺人（革命）黨的一員。不過他並不以刀槍從事眞正殺人的事業，而是用醫藥來診治滿身是血的傷病者亦卽施仁術的使者。他自來到南京以後，一直沒回過日本，完全是爲了拯救中國人民。

西方人曾說，殺中國者，將是中國的政治和鴉片。政治現在逐漸改革中，但鴉片在表面上雖然是禁止了，可是實際上却步步在殺人。吉住君所煩惱者在此，其多年的苦心也在此。

然而，爲竟其志，此次萱野兄帶來了大量的土居藥水送給吉住醫師。關於此藥，我曾作過其實驗上的事實的介紹，亦卽它乃是所謂血液的革命，不但是萬病的特效藥，同時對於鴉片中毒或者嗎啡中毒具有特別的效果 。因此我相信 ，具有許多知己中國朋友的吉住君 ， 如果使用此神藥，必能收到更大的效果。據說，在里見醫院，從去年開始，已經在使用此藥，並且有其莫大的效果。

藥的發明者土居君其人，是萱野兄的同鄉，很喜歡喝酒，對革命黨亦感興趣，但對其本職的仁術並不怎麽忠實(認眞)，而其一朝突然成功於此藥的發明，或由於其與生俱來的好事的個性，但在另一方面，也有借用其親戚北里博士的腦筋的說法。是否如此，我不得而知。

上岸後兩天之間，見了袁不同君，得到章先生的禮品，在吉住公館龜井君實行了禁酒，如今又獲得神藥與吉住醫師的「合作」，這兩天，的確具有重大的意義。由於我是病人，所以不能訪問想見的朋友，也不能到想去的地方，覺得非常無聊 ，因此這兩天的成果 ，實在是不容易。何況，出發的前一天，有人從遠方來訪呢！

目前， 我們的中國好朋友， 幾乎全部在廣東，祇有兩三個人留在上海。可是在勝田館的期間， 竟來了幾位意外的人。在這意外的長期逗留，得以與意外的人們暢敍久濶，眞是意外，因此逗留上海的九日，也有其特別的意義。尤其是能跟他們交換宗教方面的意見，使我非常高興。

日期忘記了， 有天黃昏， 殷汝耕君夫婦來訪，稍談後，我以有病而退居別室就寢。翌晨，萱野兄來我枕頭邊高興地說：「昨天晚上，我聽了非常有趣的話。殷君夫婦已經信佛道了。」我趕緊起來問說：「是嗎，而你所說有趣的事是什麼？」

萱野兄說：「你知道去年殷君還在東京的時候，他的太太曾經病得很厲害吧。那時，有一夜，一個白髮長鬍子的老人出現於病中的殷太太夢裏，說：『如不信教命危，到 Josenji 去』而不見了，殷太太覺得奇怪，遂把殷君喊醒，並問什麼是 Josenji，殷君說這是迷信不理她；數日後，在名倉的溫泉洗澡的時候，一個婦人看到殷太太那麼消瘦而說：『太可憐了，妳應該信教。』殷太太問說：『信什麼教呢？』婦人說：『到 Josenji 去。』殷太太憶起老翁的話而嚇了一大跳，並問說：『什麼是 Josenji？』婦人答說：『到麻布的乘泉寺，明天我陪妳去。』至此，殷太太愈覺得奇怪。」

翌日，殷太太偕該婦人到乘泉寺聽和尚的法話，接受熱心信徒的厚遇而成為佛教徒，因此回家之後便叩法鼓，念法名，在佛前單禱告，殷君以為太太這樣做太難看而制止她，但殷太太不聽，事情竟發展到分居問題，但殷太太又不肯分居，而一心一意念經拜佛，如此這般，殷太太終於恢復其健康。有一天，殷君有事到上海，突然罹重病，且陷於生死關頭，其朋友乃電告殷太太說殷君病危，殷太太遂束裝準備趕往上海，此時一羣信徒來開講會，並向殷太太異口同聲勸說不必到上海，但殷太太仍感不安，等到會完，即將動身搭乘上午七時開的火車當兒，又來電報說，殷君病情有好轉，繼即更接到殷君自己打來的，已經完全恢復健康，不必來的電報。而據說，殷君本身，病篤在牀的時候，竟起來幾次拼命念南無妙法蓮華經，因而逐漸恢復了他的健康云云。

爾後，殷君又訪問我倆於旅館數次。他曾告訴我上述的故事。一向祇熱中於政治，而不關心宗教的殷君，今日竟成爲虔誠的佛教信徒，朝夕念佛唱名，雖然是殷太太的感化，但殷太太之入佛門的經過，眞是一部神秘故事。智者學者。此爲逆信而自抬高其身價，但我們要爲佛的因緣殷君入教而高興。

萱野兄告訴我殷君夫婦信教之經過的那一天，王統一君也來訪問我倆。我們的話，從時局、諸友的消息，而談到彼此的現狀，最後我們舉出因爲悉陀羅上人而逐漸在實現的各種不可思議的事實，並問他的意見。

王君毫不躊躇地答說：「我並不覺得不可思議。當然，它有不可思議的部份，但却不是不可能有的事情。從六、七年前，我也跟京都的武田禪師開始修行。來到上海以後，又跟城內的老僧繼續修行。從相信未來和相信靈魂不滅的人來看，這雖然是稀有的事實，但不是不可能的（不可思議）的事。」

他又說：「我家父很早就信佛教，今年已經八十歲了，但每天還在念金剛經。家父說，他在念金剛經的時候，各種幽魂、狐狸等都要來聽他讀經。家父說我們看不見這些，但他却看得見。惟我們也能夠感覺到幽魂來時房子和窗子動的聲音，和狐狸的脚步聲。」

王君繼着又說：「這是不久以前的事情，在我上海住宅附近有一家姓閔的。我並不認識這家的人。可是有一天此家的人却突然來接我。我問他何故，他答說「好像日本幽魂附到我太太身上，說些聽不懂的話，請您幫我聽聽吧」，我半信半疑地到他家去幫他聽，他太太所說的果然是日本話。幽魂說，她死在上海，沒人照顧，我說擬請日本領事館替她作佛事，要她告訴姓名和出生地，但她却說時期還沒到，並且沒有受您照料的因緣，因此我問爲何要附到這個人身上，她說祇是來玩玩而已，我覺得她的話帶有九州的口腔。」

講完了這些故事以後，他又補充說：「完全跟日本人沒有來往而又不懂日本話的人竟能講日本話這個事實，打破了心理學家的所謂二種人格論和變態心理論。這種事實，祇能以靈魂不滅論來說明。」雖然稍微晚了一點，但我們却以能信教爲幸福。

王君又從他的實（經）驗談，談到坐禪時會覺得非常可怕的事，而說「以爲好像幽魂要來的樣子。」不過我個人却也有過同樣的經驗，而所有安魂者也都有這種說法。不啻是安魂者，一般所謂修行者也都在這樣說。這是不足爲奇的，由於許多迷道者爲求道以得救而來。惟來者不只是人魂和獸魂，甚至有禽獸，所以像我們修行還不到家的人，坐禪或做安魂的修行時，便會覺得有一種恐怖。

的確，逗留上海幾天的收穫，實在不小。除此而外，還有一些零零碎碎的收穫，但我不想再詳細寫了。最後，我要向來訪問我倆的諸位君子，以及該訪問而不克訪問的朋友們道歉。

三月二十八日 從上海到神戶 於熊野丸

現在，我們正在瀨戶內海航行中。預定明天早晨到達神戶，明天晚上乘火車，後天早上可返抵東京；一上岸，便一瀉千里，東海道線（由神戶到東京的鐵路）的風景已不値得一述，因此我的「廣州行」，應以此文爲最後一次通訊。

由上海到門司之間，白天看不見太陽，晚上見不到星星，氣候非常陰鬱，好在沒有風，也沒有浪，平穩到極點的航海，對於怕坐船的萱野兄可謂萬幸，也該爲其他旅客祝福。

到達門司，覺得特別冷。在上海怕冷的我，一直呆在旅館裏沒出去，因此來到門司以後深感毛皮大衣的可貴。門司比上海冷多了。

下午一點鐘船離開了門司，現在是下午三點半，不但看不見太陽，而且小雨也下不停，因此如果這樣下去的話，恐怕看不成我所正在期待的瀨戶內海的風景了。

現在沒有什麼可寫的了。在擱筆之前想一提的是，在廣州和上海期間，一點也不覺得有排日的氣氛。問其究竟，大家都說那是過去的事。

所以我認爲，這是原敬內閣無能外交的結果。無爲比爲惡還要壞，而原敬內閣對中國實完全無外交。這似乎是自然的緩和，無能之所賜。

因此，誰知道原敬內閣的無爲無能，自然地緩和了中國的排日這個事實，誰就能夠得知挑撥排日的是日本的壞外交這個事實，更能夠瞭解如果日本向中國實行善的外交，必能獲得中日兩國的眞正的親善。

的確，大隈內閣所提出的二十一條要求是非人道的；寺內內閣的援北主義是亂來的；商人是自私自利的；一般國民是驕傲的。所以任何國家的國民，都不可能忍受這種侮辱。

在今日，如果有人想掠取他國的一角，那個直是由晝提燈濶步大道的色情狂。日本雖是世界的後進，但容許這種色情狂橫行的時代早已成為過去了。或許有人要說，軍閥的餘勢尚不可侮。其餘波、小波或許還有。但寺內已死，山縣已老的今日，軍閥已經成爲被閹割的動物。因此祇有隨大勢。

但日本的大勢爲何？我也答覆不出，因爲日本的現狀實在太錯綜複雜了。國民不相信國會，不相信政黨，不相信所謂社會主義者，更不相信自己，沒有一件事（或一個人）能夠相信的。

由此，我們當可知道，日本已經到達了該有大變化的時候了。可是，今日日本却沒有中心思想，也沒有中心人物，更沒有中心勢力。如果在現狀下，遇到變化的動機的話，將變化到什麼程度呢？我實在不敢斷言。因此我認爲，日本如果有潛在的危機，即在此。

鑒於四鄰的情形和環顧世界的大勢，我所敢斷言的是，不管怎樣變化，都不會是退步，而將是一種進步。所以，我們不必悲觀。

我們實在不必悲觀。現在我們應該努力的是，努力研究國內的改造問題。無論如何向中國人力說緩和排日和中日親善，我們的代表機關——日本政府的外交如果不得體的話，還是將成泡影。正因爲如此，有志於海外的人便一再地受窘。我們受窘已經受夠了。因此我們必須一致向內來努力，來設法。

祇要能改造日本，對外問題不是問題。無論中國的南方或北方，都在等著歡迎日本眞正的好意可以爲證。不祇對中國，對其他各國也是一樣。如果有故意敵視日本的國家，那是不可寬恕的野心國家。這是容易跟其他國家或其他國家的國民共同把它打倒的。

要之，一個國家，一懷有野心，必定孤立；反此，祇要能站在人類同胞主義立場，世界人類必爲其友，縱令不可能全部爲其朋友，最少也會有三分之二以上的人類會成爲她的朋友。眼光徹紙背之士，不能祇看各國政府之意向，而應該察知各國國民趨向才對。

（譯自「宮崎滔天全集」第一卷）

一九七五年雙十節說於東京

（譯註一）耶馬溪，念成 yabakei，在九州大分縣。

（譯註二）鯛魚飯，是用茶泡鯛魚吃的飯，日本人通常將這類飯叫做 Ochiazuke。

（原載一九七六年十一月一日、十二月一日臺北「東方雜誌」）

九、我對於辛亥革命的回憶

宮崎滔天

一

一八九七年，抵達橫濱的　孫中山先生，不久便跟滔天到九州熊本縣的荒尾村，一個有名海邊的一座小村落，所以我跟嫂嫂（滔天之兄民藏夫人）非常操心應該如何款待這位遠來的賓客。我們給　孫先生燒洗澡水，舖地毯於客廳給他坐；至於吃，那時更不知道中國菜的做法，因此只有請他吃鄉下的日本菜。

生魚、味噌湯、煮魚、壽司、鰻魚等等，我們想盡了辦法款待他。我們更幾乎每天殺鷄給他吃。　孫先生似乎最喜歡鰻魚和鷄肉。而縱令我們請他吃他不大喜歡的東西，他也滿面笑容邊說「好、好」(all right, all right) 邊吃。他吃了沒吃慣的生魚，結果似乎瀉了肚子。日後第一次革命（亦即辛亥革命——譯者）成功，他就任臨時大總統，我前往爲他祝賀時，　孫先生之說「荒尾的生魚很好吃」，也許是他回想當年勞神焦思的肺腑之言。

而身在荒尾村的　孫先生的頭，滿淸政府曾經給它懸獎一萬元。我曾將此事告訴同村的平川老先生，他却眨眨眼睛說：「呀！一萬塊錢。眞是了不得！」其他的村人也來，並從籬笆偷看這位稀客。

孫先生是位寡言的人，而且一天到晚只要有空即手不釋卷，所以在我們家的一星期左右，一直在看我們家裏的書。而要跟滔天到福岡方面去設法軍事費用時，則說「這裏的書我都很喜歡」，並把行李裝得滿滿地帶去。

回到橫濱以後的　孫先生，則搬到東京，跟犬養毅先生共同策命革命的實行。滔天開始東奔西走，因而一點也不顧我們的生活。有一次我跟滔天商量家庭的經濟，而他竟說：「我有可用於革命的錢，但沒有可以養活妻、子的鈔票，妳應該自己想想辦法」，完全不理，因此我和孩子們的生活遂陷於絕境。所以我不得不開始工作，於是遂進行從海邊地下挖出貝殼燒成石灰來販賣的計劃。在荒尾一帶，有許多人在幹這一行。在娘家原爲「千金」的我，來到宮崎家以後，則不得不從事這樣的工作。大概由於間接地聽到我們生活的困苦，　孫先生曾經暗中時或給我們寄錢來。

二

一九〇〇年，　孫先生在廣東立了革命的計劃，因此決定從日本偷渡廣東。　孫先生先走一步，而在當時玄洋社（譯註一）俱樂部的青柳先生處，則有擬參加這次革命的末永節、平山周和島田經一等等，以及直接間接幫忙革命的犬養、福本日南等先生在那裏商討此項計劃。

那時，由於沒做慣的工作，我在荒尾害了胸部的病，因此把龍介和震作交給家父，帶着幼女節子在福岡醫院養病。

關於連天的協商和計劃的內容，我是不清楚

的，不過有一天，滔天曾經把這些人和我帶到福岡郊外名島的島田經一先生家裏。島田先生家是座沿着海岸山的很好的房子，猶如仙境。這時我親自聽到跟滔天喝酒的島田先生說：「這座很舒適的房子亦不得不賣了，賣來打仗。」四、五天後，滔天將我留在福岡，跟其他同志由門司往廣東出發。而賣出去的島田的家產，則用於惠州起義的一部分軍費。

惟　孫先生的第二次起義又歸於失敗，所以孫先生和日本的同志們也就重新回到日本來了。

幫助中國革命運動之家庭的悲慘，實在是非筆墨所能形容的，這不只是我們的辛酸，也是其他同志的家庭所共同遭遇到的命運。

這的確是有如流着血淚而坐在滿車火焰的車子上面的情景，我們既將大部份的田地賣光，並將其金錢統統用於滔天的活動費。而在這苦況中，聽到　孫先生計劃的失敗，我們當然失望萬分。這時我接到從中國大陸回來的滔天患了腳氣症之消息，因此遂到東京去看他，是時　孫先生正住在橫濱市山下町的舊屋子裏。

見了小康的滔天之後，我和滔天跟那時正在華僑學校（大同學校）教書的民藏一起去看　孫先生。旋即　孫先生以敗軍之將的神態並用不知什麼時候學會的日語說「歡迎你們來。」

當天晚上，我們三個人在　孫先生家過夜。而正當我們坐上桌椅準備吃晚餐的時候，透過滔天的翻譯，　孫先生問我說：「妳是來做什麼的？」我答說：「因爲滔天生病，以及家族生活困苦，我把小孩托在娘家，因此想趁這個機會跟滔天好好地商量商量」，於是　孫先生邊說「是的，是的」，並從皮包拿出一張照片給我看。

這是一張　孫先生的母親、胞兄、四位侄子和十二、三歲左右的孫科先生一起合照的像片。孫先生邊讓我看這張照片，邊說：

「我的家人在夏威夷也正流着眼淚跟窮苦搏鬥中。家人之能够打勝眼淚意味着革命之將成功。凡是從事於革命運動的人，都得戰勝眼淚。」

並流着淚珠。這是我和滔天看到　孫先生眼上有淚的第一次。

在山下町先生家過一夜的我們，第二天便到民藏執教的大同學校。我們三個人則在民藏的客廳談話。一坐下，民藏便向我並用純粹的肥後口腔（亦即宮崎鄉下土話——譯者）睜大眼睛回敍昨天晚上的事，邊稱讚那位中國革命婦人，邊鼓勵我說：

「在照顧　孫先生日常生活的那位中國婦女同志，眞是個女傑。她那用長筷子，張着很大的眼睛，像男人在吃飯的樣子，革命家的女性只有這樣才能擔當大事。妳看她聲音之大。妳應該向她看齊才對」。

而正當我跟滔天再三商量故里的事情，並且大致商量完了的時候，滔天突然向民藏和我說：

「到現在爲止，我都還沒向任何人說過，不過我現在却決心要做唱浪花節的（譯註二）。那是因爲，做爲一個浪人（譯註三），實在很不容易不依靠別人而能養活家眷。既不能生活，又不會做生意；而就是做生意，以士族（譯註四）的生意經，也絕對賺不到錢。何況談浪花節以得之於客人的好意亦並不下賤，這有若出家者讀經以得布施同樣的道理。惠州起義雖失敗，但革命的進行刻不容緩。並且，唱浪花節還可以澄清心神的憂愁。我想暫時以做了和尚的心情去叩浪花節師之門。哥哥請您能了解，也請妳能同意。」

滔天以很大的決心，並很熱心地向民藏和我訴說。因此民藏和我大嚇一跳。頓時，我的心頭充滿了失望和黑暗。我爲我丈夫將棄經世之大望且或將墮落而大爲震驚。所以我拼命努力去勸阻他的念頭。我甚至建議他跟　孫先生一起到歐美去研究和宣傳革命。我以爲用這樣的方法去糾合同志，籌措軍費乃是此時斯地所應該遵循的惟一途徑。與此同時我請問了民藏的意見，而他也贊成我的說法，並跟我諄諄告誡滔天，要他回心轉意。

可是，滔天却完全不聽我倆的勸告。他說「籌措軍費，糾合同志，還是以唱浪花節的方法來做最爲有效」；是卽他似乎想以唱浪花節的方法來籌募金錢和糾合日本各地的同志。民藏和我終於精疲力盡，再無法勸阻他了。於是滔天和我遂與民藏分手而回到東京。

爾後，　孫先生前往東南亞，滔天則拜師桃中軒雲右衛門，遊歷日本各地。但是，滔天欲做講浪花節者時所期待的糾合同志，宣傳主義，籌措資金等事則統統成爲畫餅，因此家庭生活的困苦與日俱增。

三

一九〇五年元月，由於極端的貧窮，我母子四人終於再也無法棲身故里，於是遂遷居東京，租屋於新宿區番衆町。

惠州起義失敗以後， 孫先生則離開日本，革命氣氛爲之消沉，只是有內面的運動而已。（譯註五）不過自我們搬到番衆町以後，簡直令人不敢相信地，中國留學生源源而來。因此我彷彿覺得革命運動已有相當的進展。那時候常到我家的，有革命元老的黃興、胡漢民、汪精衛、張繼、宋教仁和何天烱諸位先生。此外還有很多，幾乎每天來的，現在我已經記不得他們的名字了。

其中有想研究製造手槍者，他們則穿着滿身油汚的工作服，到東京郊外滔天的朋友小室友次郎所經營的手槍工廠去學，這一羣眞是個個都是富於實行力的人。

不特此，連領取淸朝官費的留學生也一個一個地變成革命黨員；而在日本人中，像末永節先生，則跟黃興先生住在一起，以策劃種種活動。

四

記得一九〇五年初夏， 孫先生再度來到日本，並下榻橫濱。有時候他則從橫濱帶着皮箱到我們並不寬濶的家，把其中狹小的六個榻榻米的房間當做他在東京的「事務所」。當時，我們雖窮，我却把我的衣服拿到當舖去，爲 孫先生做了兩件「浴衣」。（譯註六）孫先生很喜歡穿我給他做的浴衣，一九一〇年又來日本時，他更還穿着它，因而使我驚喜萬分。 孫先生是位非常節省和樸素的人，他之一直穿着那兩件浴衣就是它的明證。

只要有時間， 孫先生便從皮箱拿出許多書本來閱讀，所以他的行李盡是書刊。就中最多的是英文書，而這些大多似乎是政治、經濟、哲學方面的書籍。當時，滔天的鄉友，姓勝木的夫婦恰巧也住在我們家裏。有一天， 孫先生正在走廊看書的時候，勝木先生走近 孫先生，想跟孫先生聊天，可是 孫先生却只連聲答說「哼哼」，而一直在看他的書，以這樣的態度聽勝木先生的話。

於是勝木先生大為憤慨，並以肥後的口腔說：

「這是什麼話！說 孫文是個豪傑，這樣簡慢待人怎麼……」

因而非常生氣。而這却也是 孫先生之如何愛看書一個插曲。

有一天，從外面回來的 孫先生，因為累正在睡午覺，這時剛好來了四、五個年青的中國留學生。

他們恐怕打擾 孫先生的睡眠，所以在隔壁房間用很小的聲音說話，隨即一個比較年輕的站起來輕輕地把「竹紙」(譯註七) 開一點點，以偷看 孫先生睡覺的樣子。爾後那個學生却把眼睛張得大大地回來坐下去，並以好像受驚的語氣用中國話向其他的人在說什麼。我覺得奇怪，所以遂問最會說日本話的一位學生說：

「怎麼啦？」

「 孫先生好像獅子。他的臉和頭髮簡直像是隻獅子，革命一定能成功。」

他加重語氣這樣答說。因此我也去看看，果然睡得很甜的 孫先生的臉，的確擁有不可侵犯的威嚴。

中國留學生對於 孫先生非常尊敬，所以那時候我就一直相信中國革命必有成功的一天。

五

當時，最喜歡調皮的龍介和震作，常常一從學校下課回家便到窗戶店（譯註八）去買些隔扇（譯註九）的碎木頭，來造成鐵路，架設於庭園，並用線軸的車輪和小箱子製成火車，使其在鐵路上跑，他倆就這樣玩到天黑。

有一天，停止看書的　孫先生正在看孩子們玩火車的時候，何天烱先生剛剛趕到。他看見孫先生在注視孩子們玩，因此遂問　孫先生說：

「您在看什麼？」

孫先生答說：

「這眞好玩。他們把鐵路造得很好。」

同時透過何先生的翻譯跟龍介和震作握手並說：

「革命成功以後，中國首先需要建設鐵路，那個時候我就請你們兩個人來做。」

婦女的我，當然不可能知道每件革命大事，不過從同志們的動靜，我却可以判斷革命運動之如何急速地正在進展。

六

在　孫先生還沒有來到日本以前，留日中國同學的中心人物是黃興先生，而自　孫先生從歐洲來到日本以後，他們兩位便攜手，因而完成了革命黨的大同團結。促使　孫先生和黃先生合作的，就是滔天和末永節先生。大同團結而成的革命黨叫做中國革命同盟會，且一下子就有大約三千人參加爲會員。同盟會成立後，則在東京市牛込區新小川町創設民報社，以發行同盟會機關報「民報」，而其幹部則統統在報館共起居同飲食。

與同盟會成立的同時，孫先生則從橫濱搬到租在牛込區築地八幡旁邊的房子，並把它命名爲「高野寓」。爾後許許多多的人曾經出入於高野寓，其中最值得我們一提的賓客，就是俄國革命領袖格爾雪尼和比利斯茲基兩位先生。

比利斯茲基先生是從西伯利亞的監獄逃出，並逃到長崎來的。而正在此時，格爾雪尼先生於一九〇四年受了死刑的判決，並被送至西伯利亞。

格爾雪尼是俄國革命時社會革命派的元老，據說，他是使用奇計逃出監獄亡命日本的。比利斯茲基先生有天晚上陪同格爾雪尼先生訪問高野寓。

那個時候，滔天與萱野長知、知知田三郎等諸位先生在辦「革命評論」（譯註一〇），是時比利斯茲基先生帶格爾雪尼先生拜訪了革命評論社。於是滔天和萱野先生便把這兩位先生帶到孫先生那裏去。而在高野寓聚首的東西方的先知先覺者，遂就俄國和中國的革命發表高論，交換意見。爾後格爾雪尼離開日本前往歐洲，擬再回到俄國時，在路上因病而與世長辭。

當時，「民報」的銷路非常好，在東京的中國留學生之間當然不必講，據說在大陸也有很多的人在看。要把這些「民報」寄到大陸去確是談何容易，因此民報社的同人個個都日以繼夜地在工作。隨中國革命同盟會之日趨壯大，清朝官吏的監視日嚴，日本官方的壓迫亦日甚，其結果，孫先生不得不棄築地的高野寓，民報社亦難於維持，從而終於不得不「關門太吉」。

成立中國革命同盟會的前後，似乎需用不少錢，而爲 孫先生慷解其囊者就是鈴木久兵衛先生。民報社解散後，黃興先生則在小石川區水道町創辦勤學舍，與同志們共策革命。

中國革命同盟會成立以後，我們又得從番衆町搬家。這是因爲欠人家房租、米店和酒店的錢太多所致。對於米店和酒店，我們各寫了一張將來有錢一定要淸還的保證書，至於房租，請允許我們免交，這樣我們才勉勉強強能夠搬出去。

其次我們在小石川區的第六天町找到新房子。這座房子相當大，所以來的人也就比較多。

禪寺和尚龜井一部先生、早稻田大學學生長江淸介氏、黃興先生的大公子黃一歐、龍介和震作等年靑的朋友們經常在院子裏練習劍術，還有許多中國留學生也常常來參加，因此我們家裏非常熱鬧。汪精衛夫人陳璧君女士攜帶她的朋友來練習劍術，也正是在這個時候。

自民報社解散以後，中國革命運動便採取地下活動的方式，革命黨的人秘密來往因而增加，並且需要更多的武器。有時候甚至要把武器運到四川省一帶，其用心之苦，實在難以筆墨形容。更有用胃散藥罐裝上火藥帶回中國者。

何天炯先生計劃購買日本政府擬轉讓給民間的武器，惟沒有錢，因此遂把我娘家的古董統統賣掉以爲其費用也正在此時。由於秘密活動之如火如荼，日本政府當局的干涉也就愈來愈兇。有一次，東京神樂坂警察所所長忽然竟說要請滔天在日本餐館聚餐。滔天雖然去了，可是却非常慨嘆警察所長之愚笨作法。

聽到這樁事的　孫先生，遂給滔天寫了如左的書信：

「滔天先生足下：久未通問，夢想爲勞。此接克強兄來書，述足下近況，窮困非常，然而警吏欲賄足下，足下反迎頭痛擊之。克兄謂足下爲血性男子，困窮不濫，廉節可風，要弟作書慰謝。弟素知此種行爲，固是足下天性，無足爲異。然足下爲他人國事，堅貞自操，艱苦備嘗如此，吾人自問，慚愧不如。弟以此事宣之同志，人人皆爲感激奮勵，則此足下天性流露之微，已有造於吾人多矣。（後略）弟　孫文謹啓。」

七

一九〇八年，時機大概相當成熟，黃興先生遂帶三百支手槍和某某先生所贈送的七十把日本刀到廣西去籌劃起義。同時，日本方面的同志也設法獲得了一千支步槍，慢黃先生一步動身。他們是準備在廣東跟攻下廣西後將來和廣東的黃先生會師的。當時裝載那些步槍的船叫做幸運丸，是承三上豐夷先生的好意借用的。而幫忙設法這些步槍的就是被人譽爲革命黨之天野屋利兵衛的倉地鈴吉先生。又，跟這些武器乘船到香港的有金子克己、萱野長知、前田九二四郎、三原千尋、定平吾一和吉田正平等諸位先生。

這一羣，可以說是革命黨的敢死隊，他們都是以死不生還的決心出發的。並且在航行中，兩隻鷹飛到船裏，他們把鷹抓到，以爲此行或將成功，惟天機似尚未成熟，很可惜地，這次計劃又歸於失敗了。

本來，據說幸運丸所載的武器是預定在大亞

灣附近起貨的，而且跟黃興先生方面的人早已連絡好，惟打來的電報只說六時，不知道是上午六時或下午六時，所以船裏的同志們遂爲此事而終於分成了兩派。前田、定平兩位先生說是下午六時；萱野、金子兩位先生以爲是上午六時。彼此議論很久，結果假定它是上午六時，並把船停下來，以等天明。但在天還沒亮以前，英國軍艦來了，於是他們遂把所有的武器統統丢到海裏去。計劃之失敗，往往來自毫厘之差。而後來據說，那封電報的意思是下午六時。

這個時候，孫先生正在南洋專心從事於糾合同志籌募革命資金。因此在日本的活動一切皆由黃興先生來負責。不久，孫先生雖然接到革命軍佔領了廣東一帶的電報，但似又失敗，所以孫先生又不得不再亡命歐洲。

八

在這前後，我們的生活又日趨窮困，革命運動也沒什麽進展。有一天，滔天和黃興先生忽然到九州去設法籌銀根。而當他們在九州的期間，我跟房東談妥，於是我們便再從第六天町搬到小石川區的原町。搬家時，所有行李都是由小兒龍介、震作和黃一歐三人拉車搬過去的。搬到原町以後，滔天和黃興先生便回到東京來。黃先生則在新大久保租了很小的房子跟宋教仁先生一起住。他們的名牌用「桃原宅」三個字。這似乎取自武陵桃原。

黃先生在新大久保時，發生了所謂「紙幣事件」。這是黃先生想爲中國革命使用而印的。爲了此事，黃先生曾經向橫濱的高利貸借了一萬塊錢，並托某日本人來印，結果不但紙幣沒有印成，錢又不能還，把黃先生弄得毫無辦法，終於逃到香港去。不過這一萬塊錢，第一次革命後，黃先生却把它還淸了。

這一年（一九〇八年——譯者）十二月，滔天的母親在故里去世，滔天遂回鄉奔喪。而爲了生活，我邊鼎勵兒子們用功，邊借了縫衣機來爲海軍做軍服。此時突然由香港的黃興先生來了重要而機密的書信，我跟侄子宣雄商量結果，便給滔天打了「槌子病危速回來」的電報。接到我的電報的滔天，大概給山科多久馬先生（他一直爲革命黨人義診的一位仁醫）打了電報，所以山科先生馬上就來看我。山科先生看我非常健康而大驚一跳，我把底細告訴他，他終於哈哈大笑。

在這裏，我必須談談倉地鈴吉先生的事。因爲他是參與辛亥革命秘密運動且大家都不知道的一大功勞者。是卽辛亥革命所用的武器彈藥幾乎都是由他來的。當革命黨人與滔天商量武器彈藥的事時，滔天實在是束手無策的，絞盡腦汁思索的結果，終於跟以前日本出兵西伯利亞時的司令立花小一郎上將商量。立花上將是滔天的哥哥民藏的太太的哥哥。立花上將以「身爲官員，難以爲力，願意介紹可靠的朋友」，於是爲滔天介紹了以遠征千島列島島馳名的海軍上尉郡司成忠氏。當時郡司氏已經退役，而他介紹給滔天的就是倉地先生。如此這般，孫先生、郡司、倉地兩位先生以及滔天四個人再三互相硏究的結果，倉地先生終於成爲辛亥革命的所謂天野屋利兵衞。（往年大阪的義商——譯者）

九

自我們從第六天町搬到小石川區的原町大約一年以後，　孫先生跟乃兄孫德彰先生忽然從夏威夷來到日本。記得這是一九一〇年初夏的事情。此時，　孫德彰先生在夏威夷的事業已失敗，故與　孫先生一起來日本，並住在我家裏。這時　孫先生特地爲我帶來了佔領廣東時所發行的銀幣兩張和軍票。　孫先生脫下因汗而略濕的立領西服換上的竟是五、六年前我千方百計設法給他做的現在已經變成很舊的浴衣。

一生貧困是中國革命家之常，　孫先生旣窮，我們也窮，因此爲了要給遠來的賓客洗塵，想燒洗澡水，我們竟連煤炭和劈柴也沒有。不得已，用小兒們從隔壁空房子撿來的木片燒熱水給孫先生和他的哥哥洗澡。

十

有一天黃昏，一個中國人來看　孫先生。他的名字叫做孫竹丹，也是同志。惟由於種種理由，許多人說他有間諜的嫌疑，並非常警戒他。因此孫竹丹一進門，我便耳語　孫先生，並要龍介陪他而從後門出去。那時正値每七十六年會出現一次的所謂哈勒大彗星（Halley's comet）出現的時候，而　孫先生和龍介兩人則在小石川區附近後街盡量避免行人，逍遙到晚上十一點多鐘才回來，爾後不久，則有孫竹丹被同志所殺的傳說。

孫先生來原町我們家前後，從小石川區富坂署常來一位名叫北村利吉的高等刑事警察。這位警察看到我們那麼窮，每次來我家時都帶茶葉來給我們。因爲我們連客人來時也沒有茶葉可泡。

孫先生跟孫德彰先生在我家住了大約十天，在這期間有些插話可述。其中最使我難忘的是，不知道爲了什麼事，孫德彰先生在大罵　孫先生。孫先生被乃兄責罵，一言不發，一直默默地在恭聽乃兄的話。個性很強的　孫先生，也有這一面，這個事實使我非常地感動。

孫竹丹到我家兩三天以後，富坂署的警察部長前田佐門和前述的刑警北村，送來了勒令　孫先生出境的命令。此時　孫先生跟滔天等剛剛開始秘密計劃，因此接到這種命令後非常失望。二、三天後，孫先生和乃兄便往南洋動身。這時我們全家把　孫先生昆仲送到新橋車站，離開日本的孫德彰先生，據說不久便病逝。

十一

一九一〇年四月，汪精衛先生和黃復生先生到北京去準備暗殺醇親王。所携帶的炸彈就是從倉地先生那裏來的。汪先生的計劃因事先被發覺而沒成功，汪、黃兩位先生且被捕，並被判死刑，惟被肅親王所救，改爲無期徒刑，關在北京的監獄。汪夫人陳璧君女士，趕赴北京，爲救汪黃兩位先生的生命而做最大的努力。

迨至第一次革命成功，南京的革命政府和北京的袁世凱開始南北和平會議時，汪、黃兩位先生始獲釋，汪先生並與唐紹儀先生任特使由南京到北京。

一九一一年四月，以黃興先生爲首的一羣在廣東起事，這是在橫濱　孫先生的居所，由以前的中國革命同盟會的同志們所策劃的。而這次起事所使用的武器，也都是得自前述的倉地先生。是卽倉地先生秘密所攜來的武器，皆托輪船中由革命黨人充當的火伕帶去的。惟很不容易捆包，所以這項工作，大部份在我的弟弟前田行藏家偷偷地做。而從倉地先生家到行藏家的搬運，則由當時尚為中學生的龍介和震作分批搬去。因為用小孩來搬運，比較不會引起人家的注意。

這樣捆包好的行李，則由四川省出身的吳永珊（玉章）先生運到以前的新橋車站，現在的汐留車站，再由此車站運到橫濱的輪船。惟在新橋車站，因比諸其容積，它的重量太重，因此對其貨物本身發生懷疑，而不予以馬上輸送。著急的吳永珊先生立刻到橫濱清國領事館，請他的朋友出一張證明說是領事館的東西，而趕回新橋車站，以求得車站站員的諒解，才把它寄出。

當時，吳永珊先生是東京帝國大學（今日的東京大學——譯者）的學生，而在當日，中國革命運動非常澎湃，官費留學生不必說，在清國領事館和公使館的下級官員之間甚至也有許多革命黨員，由此我們當可知道中國革命時機之如何成熟的一斑。

此次廣東的一役，雖然大家都用眞子彈拼命戰鬪，但結果仍歸失敗，黃興先生負了喪失右手兩支手指的傷，許多同志戰死沙場。今日在廣州黃花崗的七十二烈士，就是此一戰的犧牲者。

及至今年秋季，在四川省發生了變亂，隨之有武昌的起義，中國革命運動頓時由最低潮而見其成功。當這個革命的烽火燃燒起來時，孫先生正在法國。滔天很想早點去，惟家裏窮得不能再窮，因此不能馬上成行。其他比較有辦法可想者，如萱野長知、加納清藏、松浦和介、金子克己、龜井一郎和三原千尋諸位先生則較滔天早一步往武昌出發。

由於適時趕到的石丸鶴吉和島田經一兩位先生的幫忙，滔天終能起程。尤其可貴的是，不嫌我們的貧窮，始終跟我們來往的東京某染衣店老板川城七太郎先生由衷送餞禮說：

「先生！我的眼睛沒有錯吧。這只是一點點意思，少得或無足於您的旅費，請您在船裏買些香煙抽抽。」

滔天則與川城先生乾杯並哈哈大笑說：

「二十五年的苦難今日才見天日。被人家貽笑爲夢想和空想的革命終於成功了。不過今天以後才是眞正的開始。」

匆匆整理好便裝的滔天，遂幌着那高大的身軀，悠悠然地走上他的旅途。滔天直往上海，迎接 孫先生從法國回來，然後再轉船到香港。而返抵上海的 孫先生，則與同志們聯袂入南京，並就任 臨時大總統 ，於茲中國的 革命乃大功告成。（譯註一一）

（譯註一）玄洋社，係明治時代的日本國家主義團體。一八八一年，由平岡浩太郎、頭山滿、箱田六輔等所創立，平岡任社長。它的份子活躍於中國大陸和韓國；它是所謂大陸浪人的母體。

（譯註二）浪花節又稱浪曲 。由一個人唱講故事。在今日日本還是非常流行。他們常常藉浪花節來批評政治，諷刺社會。

（譯註三）這裏所謂浪人，係大陸浪人之簡稱。它有時候寫成「牢人」或「牢人」。原意是沒有固定主人、工作和住所的人的意思。這是封建社會的產物。江戶幕府創立初期，因爲德川採取取消德川幕府尙未成立之前反德川勢力的諸侯的政策，竟致使無主可奉的浪人激增至四十萬人。

（譯註四）士族，係明治維新以後，對於以前武士階級的稱呼。

（譯註五）原文說「內面運動」，這可能是秘密運動的意思。

（譯註六）「浴衣」，念成 yukata，是日本人洗澡後要穿的長衣服。由於穿脫方便，而且穿起來很舒適，所以就是不洗澡，平常在家也在穿。男人穿得比較多。

（譯註七）「竹紙」，其原文是「唐紙」，在這裏它是用竹紙造成而用以隔開房間的門的意思。

（譯註八）窗戶店，其原文爲「建具屋」，是專門製造日式房屋的門、隔扇等的店。

（譯註九）障子，讀成 shoji，是用以隔開日式房屋之房間的紙門。

（譯註一〇）原文把「革命評論」當做每部四頁的報紙，但實際上它是每期十頁的半月刊。它創刊於一九〇六年九月五日，一共出了十期。

（譯註一一）本文譯自日本平凡社出版宮崎滔天著「三十三年之夢」附錄宮崎龍介作「關於家父滔天的種種」裏頭滔天夫人宮崎槌子口述的部份。這篇文章原係於一九二九年六月，國民政府將 國父的遺靈從北平郊外的碧雲寺移到南京郊外紫金山麓中山陵的時候，特別邀請滔天夫人到南京參加此一大典，而在動身前所口述，並以「我對於中國革命的回憶」爲題在「東京每夕新聞」連載的。

（原載一九七一年一月號臺北「東方雜誌」；一九七一年九月三十日紐約「中華青年」）

十、宮崎滔天與「三十三年之夢」

宮崎滔天

一

一九二二年六月，家父病歿不久，恩師吉野作造先生來信慫恿我重新刊印「三十三年之夢」，時值我舊病重作，臥伏病褥，無暇考慮吉野先生的好意。彌來四載，我閉門籠居，放下一切，過着無所事事的生活。迨至今年（一九二六年）初春，有創設獨立勞工協會之議，而我又已回復健康，故遂能出席其發起人大會。是時恰巧吉野先生亦在座，而當話頭轉到「三十三年之夢」時，吉野先生則說：「如果沒有別的人在準備重新刊行，明治文化研究會願意刊印。」由於我也一直在想重新出版「三十三年之夢」以及家父寫「三十三年之夢」稍前所撰的「狂人譚」，因此遂接受吉野先生的雅意，並將重印「三十三年之夢」的事委託他。

「三十三年之夢」和「狂人譚」是著者在惠州起義失敗後，處於悲憤與窮苦的絕境，或為解消積憤，或為一些稿酬，在當時秋山定輔氏所經營的「二六新報」所連載的。而從發表的順序來說，「狂人譚」在先，但「三十三年之夢」却先出單行本。除這兩書外，家父在「二六新報」日後所撰的還有「明治國姓爺」的長篇，但這在日俄戰爭勃發前就被禁止連載，所以沒有寫完。

二

惠州起義失敗後，家父之所以入門桃中軒，爲的是想藉唱「落花之歌」遍遊各地，以喚起民衆，兼而能由此一攫千金，撈得革命軍費，但這兩者皆爲落空，窮窘日甚，此時中國革命運動一時陷於低潮，而　孫中山先生則別離日本前往歐美去專心糾合同志。

日本之在中國革命運動影響之圈外者，自此以後一直繼續到日俄戰爭前後。惟日本戰勝俄國以還，中國的有識青年便競相來日留學，因此當年的東京，幾乎有兩萬中國留學生。而黃興先生就是其中的一位。他初來日本時，則在專以中國留學生爲對象，命名宏文學院的日語學校就讀。黃先生是湖南長沙的名門子弟，曾在其故里的明德學校執教，曾繼唐才常等的起事而跟章炳麟先生計劃起義，惟事先被發覺，遂經由上海亡命東京。

家父之與黃先生認識，記得是在一九〇四年，黃先生來日不久的時候。當時，黃先生的思想是民族主義，是興漢倒滿的立場。家父窺黃先生人物與力量之非凡，便進而向其游說人類主義，要其推展中國革命運動不啻爲中國之運動，且能成爲改造世界的運動。居然，英敏的黃先生竟讚同家父的意思，並決定向在東京的中國青年宣傳。而黃先生這種思想的轉變，乃是促成孫先生和黃先生提携的基礎。

記得一九〇五年初春，　孫先生從歐洲抵達日本，此時在東京的中國青年之間，革命思想非常流行，他們到處召開歡迎　孫先生的會。　孫先生與黃先生之邂逅就在這個時期。而介紹他倆互相認識的，是家父等日本的同志。從此以後，孫先生和黃先生合作無間，而爲了大同團結中國的革命青年，他倆便組織了中國革命同盟會。該會後來成爲中國革命的中心力量。

中國革命同盟會成立時，　孫先生被推爲總理，黃先生出任執行部長，並與章炳麟、張繼、宋教仁、胡漢民、陳天華、汪兆銘和何天烱等許多同志發行「民報」，一方面宣傳革命，另方面策劃革命的實踐。這時中國革命同盟會的活動實以民報社爲中心，它既是革命運動的大本營，也是革命運動的策源地。而家父則受　孫先生的委託，擔任中國革命同盟會日本全權委員，做向日本方面有關交涉的工作，以及參與民報社的各種機密。

中國革命同盟會成立後，參加該會者，單單東京的中國留學生就有將近五千人之多，可見其在中國青年之間的聲勢如何；而爲大事喚起日本的輿論，家父等更於一九〇六年秋天創辦了「革命評論」月刊。該刊同人除家父外，尚有萱野長知、和田三郎、北輝次郎和池亨吉諸位先生。（譯註二）「革命評論」以宣傳中國革命和俄國革命爲目的，惟因日本政府的壓迫和經費的困難，終於次年春季停刊。

在「革命評論」還沒有停刊以前，當時在長崎的俄國亡命份子比利斯茲基，曾經帶一位曾領導一支軍隊參與一九〇四年俄國革命，後來被抓到並判死刑，而被解送到西伯利亞的名叫格列格里・格爾雪尼（G.A. Gershuni）的人，訪問了革命評論社。當然，格爾雪尼是越獄逃到日本的。由於家父等正在以爲中國革命的成功，必須跟俄國革命配合，因此遂把格爾雪尼介紹給　孫先生。　孫先生跟格爾雪尼開誠布公，談至雞鳴，互約相助。爾後格爾雪尼則前往美國，惟不幸，在回俄國途中竟病歿。這是　孫先生跟俄國發生關係的開始。

一九〇八年初，民報社因爲內部的動搖，終於解散。於是大家由團體行動而變爲個別行動，孫先生到南洋，黃先生則留在日本策劃暗殺西太后和起兵廣東等事。而自民報社解散後，家父則邊幫忙黃先生的策劃工作，同時喜搞「浪花節」。（譯註二）

一九一〇年夏天，　孫先生跟乃兄與幾位同志來到東京，起居於東京小石川原町的陋舍，並與家父開始策劃各事，惟爲清國公使館所探悉，並向日本政府要求逐出　孫先生，故　孫先生一行，不十數日便被日本政府趕走。於是　孫先生前往美國，乃兄到南洋，不過據說，不久乃兄便去世了。

孫先生離開日本以後的中國革命情勢是，在東京雖有日政府各種壓迫和干涉，但在中國內地，其形勢却是日趨光明。迨至一九一一年秋天，發生了四川的變亂和武昌的起義，十二月，在南京終於成立了共和政府。第一次革命成功以後，在北方出現了袁世凱，而在有關南北妥協的消息傳來時，家父等則慫恿國民黨北伐，並爲其盡一切努力去籌款和準備武器，但日本政府却決定援助袁世凱，所以南京政府只有忍痛與其妥協之一途。南北妥協後，袁世凱的勢力蒸蒸日上，於焉有第二次革命的失敗，國民黨的分袋，第三次革命，革命形勢眞是江河日下。而家父對於國民黨的這種每下愈況，雖也曾經盡過最大的努力，奈何，對大勢究竟無所幫助，因此到晚年，他常歎息說：「非革新革命精神不能成功。」

三

家父非常好酒，而且又很不看重金錢。家父之所以終身窮窘其理由在此。當第一次革命後，南北妥協問題正在流傳時， 孫先生曾經北上與袁世凱見面。當時家父在上海，有一天 孫先生來電促家父到北京，理由是，爲酬謝家父對中國革命的功勞，袁世凱說將廢止防穀令，並將每年給家父以若干米糧的輸出權利，對此，家父斷然以爲縱渴亦不能飲盜泉之水而拒絕，並給 孫先生回電說他本來並不贊成 孫先生北上。如果當時家父接受了袁世凱的好意的話，對於日後的第二次、第三次革命等變局，在物質方面，家父或更能有力地支持國民黨也說不定。在這種意義上，家父的淸廉，或多或少，促使了國民黨的低落。

家父自患腎症以後，我曾請他寫「三十三年之夢」以後的自傳，但他以對各方面仍有許多顧忌爲理由而沒動筆。惟去世前兩年左右，他曾訂正或補充「三十三年之夢」，所以這次重印，乃是根據他的訂正本。

四

家父名叫寅藏（戶口簿上是虎藏。寅藏、虎藏在日語是同音——譯者）。白浪庵滔天是一八九五年左右開始自稱的別號。在這以前，據說號朧空庵白寅。白寅是渡邊元翁（譯註三）給他取的別號。家父是於一八七〇年十二月六日，在熊本縣玉名郡荒尾村出生的。祖父叫長藏（又名長兵衛或眞雄）乃母曰佐喜，是近鄉永屋氏的女兒。家父是十一個兒女中年紀最小者。長兄眞卿（別名八郎）在明治初年提倡自由民權，明治十年（一八七七年——譯者）西南之役時，率鄉黨援助薩摩軍，戰死於八代，時年二十有八。其他弟兄姊妹大多夭折，得於長壽者只有二姐、兩兄和家父而已。「三十三年之夢」中所謂一兄和二兄便是•一兄民藏關心土地問題，倡平均地權，組織了土地復權會，並從事於是項行動直至發生幸德事件。（譯註四）

家父的墳墓在我故里荒尾村的鄉村平井村字大谷，而其分骨則葬在新潟縣東頸城郡下保倉村的顯聖寺。所謂顯聖寺是武田範之和尚（譯註五）所主持的寺，這是因爲武田和尚（一九一一年遷化）在世時爲家父做墳墓的關係。

最後，我要由衷地感謝重印「三十三年之夢」時，賜予做極其煩雜的校訂，並且加上解說和索引的吉野作造先生的盛意。（一九二六•六•一七）（譯註六）

（譯註一）根據「日本歷史大辭典」第二卷（河出書房版），宮崎是「革命評論」的主筆，同人還有平山周。又，北輝次郎就是北一輝。

（譯註二）「浪花節」，念成 naniwabushi，又稱浪曲 rokyoku 在性質上有如中國的相聲，不過不是由兩個人對談，而是由一個人講故事。

（譯註三）渡邊元，生歿年不詳。長崎人。號南岬。爲人豪爽，曾介紹宮崎彌藏到橫濱的中國商行去工作。

（譯註四）一九一〇年六月，以計劃暗殺明治天皇爲理由，包括幸德秋水，十一個社會主義者被捕並被處死刑的事件。但據日後史家的研究，這是莫須有的罪名。

（譯註五）武田範之（一八六三——一九一一），九州佐賀縣人。號洪濤。在「三十三年之夢」一書，跟着 孫中山先生後面爲該書寫序署名「無何有鄉生」的就是他。

（譯註六）此文譯自一九二六年七月十日，由明治文化研究會所重印「三十三年之夢」的附錄。又，作者宮崎龍介是滔天的長子，現務律師。

（一九七一、一、十五、於紐約）

（原載一九七一年三月號臺北「藝文誌」）

十一、宮崎滔天著「三十三年之夢」解說

吉野作造

一

此次明治文化研究會將重新發行宮崎滔天著「三十三年之夢」。此書的初版問世於一九〇二年。當時非常暢銷，曾出十版，爾後絕版且逐漸爲世人所忘記，因此我們同仁決定重新予以刊行。由於我是主要的校訂者，所以我想簡單地說明我們爲什麼要重新印行此書的理由。(譯註一)

二

本書是著者的自傳。正因爲作者是歷盡滄桑的人，所以其三十年的生涯本身就非常有趣。加以他的文筆又好，因此，我敢保證就是當做普通讀物也必令人難於釋卷，這是爲什麼本書初版當時洛陽紙貴的重要原因。經過二十幾年的今日，我們所以要重新出版它，並不祇是因爲該書富於情趣，而是因爲深信它是研究明治文化時值得參考的重要文獻。

三

作者宮崎出生於明治初年。(明治三年，西曆一八七〇年——譯者)因此他是在耳染自由民權，並醉心於西洋文化的氣氛中度過青年時代的人。當時，有志的青年的出路有二：一是在官界

實，對於日後的中國革命確有莫大的影響，更是改變東洋局面的開端。而在日本人當中，最早跟孫中山先生認識和最得　孫中山先生信賴的就是宮崎滔天。因此，單就這一點來講，宮崎的自傳本身就是中日交涉史中很有意義的一章。不特此，「三十三年之夢」有許多頁數用於敍述著者與　孫中山先生的關係，所以，本書更是欲研究辛亥革命初期者的重要史料。

五

作爲文藝作品，我不知道「三十三年之夢」究竟有多大價值。不過，我却曾經聽人家說過內田魯庵翁（譯註二）非常讚揚本書，而我祇能從學術的觀點來評論這本著作。如前面說過，單單是宮崎行動的實在紀錄，本書就有很大的價值，除此而外，我最佩服的就是他的態度之純眞。他曾失敗過幾次，更犯過多次的道德上罪惡。但是，我們却不得不寄予無限的同情，甚至蒙受很大的感激，和領得許多的敎訓。尤其是，他對於中國革命的純實的同情，其心境之光明正大，其熱烈的犧牲精神，眞令人肅然起敬。我要毫無保留地，坦坦白白地說出，從這本書，我不但得知了辛亥革命初期的史實，我更領會了辛亥革命的精神。如果有人要我舉出十本我所喜歡看的書的話，我必定把這本書列爲其中的一本。

六

由於如上所述本書的性質，本書自然而然地有許多的中國讀者。而我之所以知道本書的存在，就是中國朋友告訴我的。慚愧得很，本書初發行時爲東京大學法學院學生的我，對這方面完全不關心。大學畢業後，我雖然也到過中國大陸，惟或許由於停留在有不少日本人的天津，所以對於中國革命絲毫沒感覺興趣。因此，截至一九一六年底發生第三次革命，我絕少研究中國的事情，更不知道本書的存在。是則我之研究中國，實始於第三次革命的前後。其經過，我不想細說；不過其直接動機是，第三次革命發生幾個星期以後，當時同情革命黨的頭山滿翁和寺尾亨先生（譯註三）的一羣，對於日本各界對這次革命的眞義缺少瞭解而非常憤慨，因此想編寫一本簡單的中國革命史給一般日本人看，而他們則將此事托我。是時我對中國已有些興趣，所以，遂答應做這項差事。爲了供給最新的材料，寺尾先生曾經介紹了戴天仇君和殷汝耕君等給我，這時告訴我瞭解辛亥革命初期的歷史最好的參考書就是「三十三年之夢」的便是這兩個人。他們說，「三十三年之夢」出版後不久，便由章士釗君譯成中文，並在中國非常流傳。

這是我日後所聽到的話，即黃興在一九〇四年革命（指與馬福益謀舉義於湖南的事——譯者）失敗，由上海亡命日本，當時還是個無名青年的他，來到東京之後，窘於衣食和住的問題，此時黃興忽然想起「三十三年之夢」，並相信其著者滔天必定樂意幫助他，因而自告奮勇地去求宮崎的幫助。這話起初我是從已故滔天君那裏聽來的，後來我又直接問了黃興氏。

由此，我們當可知道本書之如何廣泛地在中國人之間流傳和影響他們。

七

在今日中國，現在還有很多人在看「三十三年之夢」這本書。這次因爲要重新出版它，所以我特地去找中文版，可惜沒找到。我以爲在中國大陸或許可以找到，因此特請在上海的朋友內山書店老板完造君幫我找，結果他也沒找到舊譯本，因而寄來了新的譯本。這不是章士釗君所譯的。（譯註四）要之，在中國，今日還有許多人在讀這本書是個事實。內山君在信裏就說，在他店裏工作的中國人也正在看這本著作。惟他們祇以它有趣而看，至於作者宮崎的名字似乎逐漸被人忘記。話雖如此，「三十三年之夢」這個書名，祇要 孫中山的名字是不朽，我深信在中國，它必有其不朽的生命。

「三十三年之夢」在日本雖然曾經發行過十版，但在市面却非常少。就是明治中期的書刊如潮水般地在上市的今日，本書也絕少露面。一九一七年，我知本書之名，並托有斐閣（東京一家書店的名稱——譯者）的山野君代找時，他花費了很長的時間才給我找到一本。嗣後經過一年多，在神田的舊書店我又找到了一冊。現在，不管有多少本，我決心隨時隨地買它，但至今，我祇買過兩本，而在我的朋友中，祇有兩個人曾經在舊書店買過這本書。由此可見本書之如何地少在市面流傳。而這是爲什麼我諸故滔天的嗣子龍介君，並得明治文化研究會同仁諸君的諒解，決心重新出版這本書的主要原因。

八

為了使準備閱讀「三十三年之夢」的人們方便，我想簡單地來說明本書的梗概。

本書一共有二十八章，我們似可把它的內容分為以下四個項目。

㈠修養的時代：從「半生夢醒思落花」的序曲到「思想之變遷與初戀」七章。

㈡活動於泰國的時代：從「大方針既定」到嗚呼二兄去世」七章。

㈢活動於華南和南洋的時代：從「來了新生面」到「形勢急轉」七章。

㈣活躍於惠州起義的時代：從「大舉南征」至「唱落花之歌」七章。

九

一、修養的時代

這是我暫取的名稱。以下亦同。從這修養時代的七章，我們可以窺悉作者思想和行動的由來。他早時去世的父親，似乎是位非常磊落而厚於情誼的人。他的母親，雖是女性，好像曾經致力於兒女的教育。長兄八郎早年倡自由民權，並死於西南戰爭西鄉隆盛陣營中，因此，作者之所以早對明治政府有所不齒是有其原因的。他的學歷是，中學畢業後轉入熊本的大江義塾（書塾——譯者），受德富蘇峯先生(譯註五)的教誨，不久便到東京進某私塾就讀。在此期間，他入信基督教，由小崎弘道先生洗禮。這可能因為他在內心時常有所求所致。這是他在十五歲左右的事情。不過他的基督教信仰，卻並沒有長久，理由是，因有所求而入信的他，在基督教教會並未能得到他所尋求的東西。尤其在他信仰開始發生動搖的青年時代，他之遇見名叫伊沙克·阿伯拉罕的西洋虛無主義者的故事，在別種意義上，特別有趣。關於這個洋怪人，他另有「狂人譚」的著作，而這也是一本非常有趣味的書。所以，將來有機會，我也很想把它重新刊印。

但，無論如何，對他日後的思想和行動予最大影響的還是書上所稱呼的一兄和二兄。詳而言之，他的社會觀似得自其一兄民藏。如果套用今日的用語，民藏或可以說是無政府主義者。作者之所以棄基督教固是一兄的感化，其棄基督教而未捨博愛的大義也是一兄的感化。至於一兄的思想爲何，本書（指此次重新發行的版本。以下同——譯者）第二七頁有簡要的敍述。又，民藏有「土地均享人類之大權」（一九〇六年出版）的著作，這是要附帶說明的一點。

其次，他把中國選做他活動的舞臺，毫無疑問地是受了二兄彌藏的鼓勵。而二兄關於中國的思想，在本書二三頁和三九頁有精確的說明。是則彌藏想先與中國來抗白人的壓迫，爾後養力於日本，從而伸大義於世界。作者本來是想到夏威夷去賺取前往美國留學所需費用的，惟爲二兄所勸阻，因而遂把終生的事業放諸中國大陸。

不消說，在能夠瞭解作者的面目這一點，這些故事是非常有意義的。不特此，我們更可以從這些故事了解當年的時勢。什麼時勢呢？當時，在政府機關不得志，或不想在政府機關做事的青年，通常都參加了自由民權運動，很少爲改善自己親人的生活而站起來的，而爲其典型的代表者就是作者的所謂一兄。因此，如果我們研究一兄的思想，我們可以知道這一種或這一派青年的所由形成和他們的志向。與此同時，那個時候的社會，一方面是由於幕府以來排外思想的餘習，另方面是因爲受到軍國帝國主義在西洋抬頭的影響，所謂弱肉強食的國際觀非常盛行。所以，以對付白人爲目的而做聯合黃色人種的種種活動，便很容易獲得青年們熱烈的擁護。所謂二兄的中國論，實胚胎於此，這是很值得我們大書特書的，而作者滔天的思想和行動，也就是合此兩種時代思潮於一身，並想實行它的一種嘗試。宮崎滔天之所以爲我們研究中國革命初期歷史的重要史料，其理由在此。

十

二、活動於泰國的時代

作者與二兄立志於中國，這在他的自序裏寫得很清楚。而根據本書的說法，爲了要說服一兄參加這項事業，他和二兄曾經聯袂回家去。可惜沒有成功，一兄且說，他將在日本實現其理想。惟作者却獲得了一兄物質上的援助，因此爲到中國而先來長崎，但在長崎，他的旅費却給朋友借走。經過許多曲折，他終於到了上海，可是應寄來的錢又沒到，束手無策，遂又回到日本來。（這是他在二十一歲時的事情）

以後他暫居於故里，但不能忍受無所事事之生活。蟄伏三年之後，想依靠金玉均（韓國人—譯者）來開展活動的新局面來到東京。本書有關他與金玉均在芝浦海上月夜會談的描述，非常精彩。惟天不從人願，不久金玉均便在上海被暗殺，因此作者的計劃也就隨之成爲泡影。在這時期，韓國的東學黨之亂起，風雲告急。宮崎決心到中國而又上東京。這路上，他在神戶遇到了岩本千綱這個人。而這就是作者到泰國的轉機。

岩本是個與泰國移民公司有關係的人。岩本因爲生病，所以要宮崎代他到泰國去。當然，作者的志趣不在此。不過，泰國有許多中國人，爲着將來，他以爲此行或許不虛，遂答應去。此時二兄已進中國商館工作，穿中國衣服，絕對避免跟日本人來往，宛如做了中國人而專心一意研究中國，兄弟心志同在中國，但一個人在橫濱，一個人在泰國，分手去努力。

在泰國，與日本人携手盡力於日人之移民泰國的是當時的農商部長斯理薩克侯爵。泰國部長認爲，爲對抗白人的侵略，同病相憐，大家應該團結起來，而這也是當時東方人共同的思想。我們更可以從著者之毫不遲疑地贊同泰國部長這個事實體會當年的氣氛和時潮。但到了泰國之後，其事業却一無所成。因此，遂回到日本來重新策劃。不久再度前往，但這次更慘。不祗事業失敗，他的朋友死於疾病，而且他也被傳染，幾乎是從死裏逃生而狼狽地又回到日本國土。

在他第一次從泰國回到日本的時候，曾經發生過幾件事情。其中特別值得我們一提的是，從躲在橫濱的二兄得悉二兄遇到中國革命黨人。可是，第二次從泰國回到日本時，二兄已經病逝了。所以無從問起這個中國革命黨人到底是誰，不過後來才知道這個人是陳少白。日後作者與陳少白認識，更由此而跟　孫中山先生相許，這些，實在不能不說是一種不可思議的因緣。

十一

三、活動於華南和南洋的時代

屢次失敗而回國並到東京的宮崎，其目標在於企圖重振他在泰國的事業。不過在東京時，由於可兒長一的勸勵，往訪犬養毅，這是他中止到泰國而活動於中國的開端。

跟犬養認識的結果，他遂受日本外務省之命到大陸去實地探察中國的秘密結社。此時的日本政府是憲政黨內閣，其外務大臣為首相大限重信所兼。這是我們應該注意的一點。要之，他決定跟可兒長一和平山周到華南。而在出發之前，因病而慢可兒和平山動身。病癒將出發時，他往訪小林樟雄。在小林處偶然碰上長兄之親友曾根俊虎。由曾根之介紹，作者到橫濱並認識了陳少白，同時知道陳少白就是二兄所交的那位中國朋友。透過陳少白，他知道有　孫中山這個人。如此這般，他大大地增加了見識之後喜氣洋洋地到了香港。在彼地，他結交了不少革命黨人。

本書作者之與　孫中山先生邂逅，乃是自香港回國以後的事。與　孫先生見面後，他們的意見非常投機，因而宮崎遂答應願以全力幫助　孫先生的革命事業。不久，日本政局有所變化（一八九八年十一月），由山縣有朋出而組閣，青木周藏擔任外相。作者與外務省的關係因而中斷，但犬養仍繼續設法資助　孫先生和宮崎等。所以宮崎 才能夠再三往還於東京和香港之間。在香港，他曾經跟菲律賓的志士有所接觸。這也是值得我們特別注意的一件事情。而這些事，皆發生於一八九八年的夏季和秋季。

戊戌政變之際（一八九八年九月），康有為受英國保護而先逃到香港，梁啓超避難於日本公使館，爾後亡命日本。康則慢梁一天到日。伴梁啓超的爲平山周，隨康有爲的是作者，這也可以說是一種不可思議的因緣。又，本書有關著者與康有爲之關係的敍述也非常有趣。

一八九九年二月，菲律賓發生獨立戰爭。孫先生一派亦不得不有所行動。他們想借幫助阿基那爾多(Emilio Aguinaldo)的餘勢以進軍中國大陸。旋即菲律賓的密使來日托　孫先生購買軍械。　孫先生則跟著者等商量。最後因犬養的介紹，將此事委託政友會的中村彌六辦理。在政府密探嚴密監視下，好不容易購得所需的物品，並將其物品和人員載運於布引丸往華南送出，不幸該輪却沉於上海海面。作者之獲悉此項消息，係接獲華南發生動搖電報，而受命　孫先生擬前往廣東偵察實情的航海船中。

作者在華南時，成立了所謂哥老會、三合會和興中會的三派聯合。而這是惠州起義的原動力之一。此外，以下兩件事也與惠州起義大有關連。一是第二次來日採購軍械的菲律賓志士，鑒於獨立運動已經失敗，以及日本政府監視之嚴，遂放棄計劃並將手下的軍械全部交給　孫先生；二是作者回日本後，因爲朋友的介紹認識大實業家中野德次郎，而中野則予　孫先生一派以大量的財政援助。

十二

四、活躍於惠州起義的時代

惠州之起義並非乘拳匪之亂而策動的，這是他們決定大舉南征，而在路上聽到的。如前面一節所說，　孫先生一派計劃在南方起事，並於一九〇〇年六月往南方出發。其目的地有幾個，而作者等一行所指向的是新加坡。他們準備在新加坡向華僑募款，爾後　孫先生亦將到此地來。作者則擬在此說服康有爲跟　孫先生合作。

在這以前，在當地已從日本來了密電，謂有孫派的人將到新加坡來暗殺康有爲的傳說。不消說，這是橫濱康有爲派打來的，因此，上岸的作者一行不但未能與康有爲見面，而且更被當地警察所捕，並被送進坐牢。關於這些事，本書皆有詳細而感動的記載。

被釋放後，遂準備回國。所幸，跟遲來的孫先生等同船。在香港想上岸，但香港政府知道他們是革命黨人，因此未獲准。不過據說，這時香港總督更秘密地向　孫先生交涉，說他將勸李鴻章在兩廣宣佈獨立，並擬請　孫先生出任民政首長，這是值得注意的一件事。總之，他們決定回日本，而惠州起事的一般方略，就是此時在香港海面船中擬定的。

㈠佔據惠州附近三州田山寨，伺機起義。舉兵之事，以鄭弼臣爲總指揮，以近藤五郎和楊飛鴻爲參謀。

㈡起事如果成功，將以福本日南爲民政首長，在其底下將設部局以掌民政。當然，　孫先生將任大總統。

㈢　孫先生回日本擔任採購和輸送軍械以及其他一切之必需用品。

於是，　孫先生便回到日本。是時，有人說要給　孫先生介紹臺灣總督。爲了想從這方面得到更多的援助，　孫先生遂到臺灣去。但這種期待，終於未能實現。當時的臺灣總督是兒玉源太郎，民政長官爲後藤新平。

不久則接到三州田舉義的消息。這是等不及東京的電命而不得已動兵的。很幸運地，如本書所寫，它連戰連捷。但是，在日本所策劃的却統統成爲畫餅。因爲：第一，募款不如意；第二，臺灣方面的採購落了空；第三，唯一所依靠的非律賓所贈送的子彈（據說二十五萬發値六萬五千元），因被欺詐，皆爲不能用的東西。於此百計已盡， 孫先生遂不得不飲聲吞淚電命華南戰場的同志隨意解散。關於此次起義之著者的「與孫中山書」，可以說是本書最精彩的部份。

十三

如上所述，作者的所作所爲，事事皆與心違，因此，終以酒解愁，過流浪生活於江湖，一、二年後，遂決心做桃中軒雲右衛門的門徒。該時的悶悶之情固可由其自序看出，而他之絕非只漫然在高座敲扇子以餬其口，亦可由其自作自唱的「落花之歌」瞭然。關於這曲歌，本書雖有述及，但沒有歌詞，因已從作者的舊稿找到，故將全文刊出。

一將功成萬骨枯　國雖號稱眞富強　下萬民
膏汗血淚　往爭吃白薯之餓鬼道去　則爲地
獄坡　世人大喊文明和開化　火車輪船電車
與馬車　旋轉之輪雖無異　坐不得者爲地獄
火之車　惟因因緣推此車　推至弱肉強食之
劍山修羅場　浴血奮戰者　乃爲未能共享文
明開化恩澤之徒　以爲死後有餘榮　遂與士
卒一起拼　生還則被饑寒之妻兒與地官所迫
擬爲無處申訴之小民　建設能予乞丐以布衣

車夫馬夫有車坐窮苦農民亦富有　四海兄弟
皆自由　萬國和平自由鄉　如今一切計劃破
此夢遺留淚花節　棄刀廢劍執手扇
響黃昏時　與鐘同謝是櫻花（譯註六）

十四

本書以作者入門桃中軒做結局。爾後做爲寄席藝人（譯註七）數年的行動，著者亦有自作的種種紀錄。這些，今日讀來也很有趣味。而黃興之求援於著者，乃是著者在東京四谷某席亭敲扇子，一夜祇賺四毛多錢之最窮困的時候，這是作者親自告訴我的。在這樣的困境中，宮崎對中國的厚望和熱愛，仍然如故。正因爲如此，所以他才盡力於實現　孫先生和黃興的合作，更致力於一九〇五年中國革命同盟會的創立。一言以蔽之，宮崎畢竟是道道地地的中國革命黨的恩人。他之終生爲中國青年所欽慕，是理所當然的。因此，他跟中國的革命運動，實有絕不可分割的關係。關於這些，哲嗣宮崎龍介君所寫的傳記或將有更詳盡的記載。又，由於這些事略與研究近代日本和中國之內面的關係上大有關連，所以我很想把著者的遺稿全部予以整理和出版。這些遺稿，就是當做一般讀物來看也很有意思，我深信這是本書讀者所能同意的。

現在我要說的是，作者滔天不僅是中國革命運動的援助者，而且是眞正的援助者。所謂眞正的援助者，乃是指他自始至終，毫無私心，而做忠實不移的中國朋友的意思。因爲，在自稱革命運動的朋友中，曾經有過各種各樣的人。是則他們之所以願意援助中國革命運動，其動機並不都是一樣的。這在開始時，還不顯著，但到第一次革命以後，這個問題就漸漸明顯了。

其理由是這樣的：中國青年在亡命日本的期間，不管何許日本人，舉凡願意援助的，他們都一概予以接受，可是一旦革命成功從而擔當要職時，他們就成為中國的公僕。在私情，對一切援助過他們的日本人，他們都覺得有恩有義，可是做為公僕，他們祇能聽對中國革命有眞正理解的日本朋友的忠言。於是，懷有不純動機的日本人，自然而然地會被他們所疏遠。而對此不知反省的日本人，便會亂罵中國人的忘恩負義。在這裏我不想多說，總而言之，這些中國革命之友，到發生第三次革命前後，就截然分成以上的兩大範疇了。可是，宮崎滔天郎始終是中國革命熱烈的和眞正的贊助者。我之所以能夠開誠佈公與滔天相見和談論，實在是基於這種原因。

十五

最後，我想給擬做進一步研究的人提醒幾件事情。

㈠「三十三年之夢」初版不久卽有章士釗君的中文譯本，最近又出來另外一種中文版本。章士釗君是今日中國相當馳名的政治家。我曾努力想找他的譯本，但至今尚未找到。最近的譯本叫做「三十三年落花夢」是去（一九二四）年四月在上海出版的，但却沒有譯者的名字。四六版不到一百四十頁，所以可能省略很多。（譯註八）

㈡本書第三四頁上欄所說的「狂人譚」，乃是四六版一百五十多頁的小册，而由「緒言」、「拿破鐵」和「釋迦安與道理滿」等三篇所構成。是本非常有趣和令人不得不思索的書。我很想另找機會介紹它。據說，著者因爲祇靠「浪花節」不能維持生活，所以順秋山定輔之勸在「二六新報」（譯註九）連載。而最初寫的就是「狂人譚」。由於「狂人譚」大獲好評，遂被邀再寫「三十三年之夢」，但，出單行本的是以「三十三年之夢」爲先；「狂人譚」爲後。後者大約慢一個月出版。

㈢本書第一七八頁所說 Sun Yat-Sen, Kidnapped in London 這本書在日本雖不馳名，但在西洋却很出名。理由是，因這本書，孫先生在西歐成了大名。這是因爲書中所陳的革命精神大大地感動了西洋的讀者。此外，因爲此事件爲國際公法開了一個先例也是使此書成名的原因。 孫先生在倫敦被中國人拐誘並被幽禁於清國公使館，照邏輯，他將被遣送回國殺頭的，惟由於乃師康德黎的營救始倖免。當時，英國外相索爾茲巴利侯爵以爲，在公使館外的拐誘本身就是清國政府警察行爲的開始，因此遂以侵害英國的主權爲理由而強硬要求引渡 孫先生。這可以說是所謂繼續航海主義在陸上的適用。前幾年，我曾請在英國的福島繁太郞君替我買了一本該書，是本四六版一百三十多頁的小册子，裏頭附有英國外相的公文。又，民國元年上海曾出中文版本，曰「倫敦被難記」。

㈣康德黎 (James Cantlie) 是 孫先生在香港西醫書院求學時代的老師。除日本人外，跟 孫先生最要好的外國人，恐怕就是他。回到倫敦以後，康德黎便組織 Friend of China Society 請許多朋友給予 孫先生各方面的援助。他跟

Sheridan Jones 所撰的 Sun Yat Sen and the Awakening of China 是欲知 孫先生所非讀不可的一本書。它沒有出版的年代，不過我想大概在第一次革命後 孫先生被選爲總統時寫的。

㈤本書第一六九頁的所謂天佑俠，與本題沒有直接關係，所以我不想多費筆墨，而祇指出它的黨羽之一的鈴木天眼寫有題名「天佑俠」的一本書。它是由淸藤幸七郎所編，而淸藤就是本書的吞宇。但實際上的撰述者，據說是天眼，這本書也是非常精彩。惟天佑俠的活動，在擬伸其志於鄰邦這一點是相同的，但其根本的動機則與著者等完全相反。如前面所說，著者是誠心誠意想爲中國設想的，但天佑俠却名符其實地爲日本而想吃韓國。尤其是想光大日本人的英勇而亂發的暴行，說痛快確是痛快，但跟著者的立場完全有異。而這些天佑俠的人，有許多是起初跟著者爲中國盡力的（由此可見援助中國若其開頭實在有各色各樣的人），但到後來，他們也就慢慢地離開了。在這種情況之下，著者能始終一貫以純正的動機爲中國之摯友，的確令人欽佩不已。

㈥關於中國革命的歷史，請參閱我與文學博士加藤繁君合著的「中國革命史」一書。或不無自我吹噓之嫌，但我們仍相信它有一看的價值。不過，此書却祇寫到第一次革命而已。至於有關第一次革命以後的事，我也有幾部著作，更有不少他人的書，恕不一一述及。

（譯註一）本文作者吉野作造（一八七八——一九三三）是日本宮城縣人。留學歐美，曾任東京大學政治學教授、政論家，對日本民主思想的鼓吹貢獻很大。一九六六年，日本中央公論社爲紀念他對民主思想的非凡貢獻，設立吉野作造奬，以奬勵每年對日本論壇有過最大貢獻的人。

本文譯自「三十三年之夢」複印本的附錄。該書附錄除本文外，還有滔天家族像片，其哲嗣宮崎龍介所寫著者小傳和索引。而譯者用以翻譯的版本，係發行於大正十五年七月十日。又，大正元年適値民國元年。

（譯註二）內田魯庵（一八六八——一九二九），東京人。小說家，文藝評論家。是托爾斯泰「復活」早期的日文版譯者。

（譯註三）頭山滿（一八五五——一九四四），九州福岡縣人。日本右翼的巨頭。對中國革命亦很有貢獻。寺尾亨（一八五八——一九二五），跟頭山同鄉。文學博士、法學博士，曾任東京大學國際法教授，和中華民國政府的法律顧問。

（譯註四）至今，譯者所親自看到的中文譯本有三種。一種是民國十四年五月，由上海出版合作社所出版的，書的譯名叫做「三十三年落花夢」，但沒有譯者的名字，祇有校刋者，且署名「P.Y.」。惟這個版本是另外一個譯本的重印，該譯本，據其「重印贅言」說，是大約在其重印此書二十年前出版的，故其出版可能在一九〇五年左右。

第二種版本就是臺北帕米爾書店翻印的，其書名也叫做「三十三年落花夢」。第三種版本是黃中黄（亦卽章士釗）著「大革命家孫中山」。這是臺北文星書店所翻印的，於一九六二年出版。章士釗原譯名爲「孫中山」，文星書店把它改成「大革命家孫中山」。

（譯註五）德富蘇峯（一八六三——一九五七），眞名叫猪一郎，九州熊本縣人。政論家、歷史學家。他的著作可能日本有史以來最多（有人說很可能世界最多），而其代表作「近世日本國民史」有一百卷。

以「不如歸」馳名的作家德富蘆花（眞名健次郎）是他的弟弟。

（譯註六）這首歌詞，非常難譯，此譯文不是定

（譯註七）寄席，日語念 yose，是一個講神道、心學、故事等的地方，始於一八〇〇年左右。今日東京、大阪還有，而大阪法善寺是個最著名的地方。

（譯註八）作者所說的版本，可能是譯者所看到的同一個版本，它一共祇有一百三十九頁。這是節譯本，請參考（譯註四）。

（譯註九）「二六新報」創刊於一八九三年，重要的撰稿者有鈴木天眼、福田和五郎、江木衷、大石正巳、稻垣滿次郎、柴四郎、大島貞益等。

（原載一九七一年八月號臺北「幼獅月刊」）

十二、關於「三十三年之夢」及其中文譯本

陳鵬仁

中國革命之友，宮崎滔天所著的「三十三年之夢」，據我所知，至今已有四種版本。

第一種版本出現於一九〇二年，由東京國光書房發行；第二種版本於一九二六年七月，由明治文化研究會出版；第三種版本於一九四三年，由日本馳名的文藝春秋社發行；第四種版本出版於一九六七年十月十日，發行所是平凡社。以上四種版本，我只看過三種，第三種版本至今尚未見過；但現在在手邊的只有第二和第四種版本。（註）

第二種版本的校訂者是著名的政治學家，曾任東京大學教授的吉野作造。這個版本，除本文二七五頁外，還有一個附錄。附錄裏有：一、一張宮崎家人的照片，宮崎滔天夫婦、母親、宮崎彌藏、和宮崎民藏夫婦。此照拍於一八九三年；二、吉野作造對於本書的解說；三、宮崎滔天小傳，作者是滔天的長子宮崎龍介；四、索引。

第四種版本是這四種版本中內容最充實，裝訂最好者。這是「後來居上」所使然。這個版本，本文有二三六頁，另外還有註解；吉野作造上述的解說；宮崎龍介的乃父小傳，裏頭有九張照片；東京大學教授衞藤瀋吉的解說；滔天年表；地圖；和有關人物的略傳。本書的校註者是宮崎龍介和衞藤瀋吉。其中宮崎龍介所寫乃父的

小傳，與第二種版本者大不相同，換句話說，其一大部份是乃母的口述。最後的有關人物的略傳，很有史料價值。

這本書的中文譯本，據我所知道，有五種。第一種是黃中黃譯，書名爲「孫中山」。譯者黃中黃就是做過段祺瑞反動內閣之教育部長的章士釗。黃興在內陸看到章士釗的這個譯本，知道宮崎滔天的爲人，後來到日本便去找宮崎幫忙，他倆變成知己之交。這個版本大約出版於一九〇三年。

第二種版本譯名叫做「三十三年落花夢」，譯者是金一，問世於一九〇三年。第三種版本仍然叫做「三十三年落花夢」，譯者不詳，只有校刊者「P・Y」的署名，於一九二五年四月，由上海大道書店印行。第四種版本是第三種版本的複印，於一九五二年四月，由臺北帕米爾書店發行，譯者是金松岑。據衛藤瀋吉說，金一和金松岑是同一個人，金一爲筆名，松岑是別號，他的本名叫做金天翮，係江蘇吳縣人，曾資助鄒容出版其轟動一時的「革命軍」一書。（平凡社版「三十三年之夢」三一五——六頁）。由此可見，第三種版本就是第二種版本的翻印。

第五種版本是一九六二年，吳相湘主編，由文星書店所印行的「革命家孫逸仙」。但這是第一種版本章士釗譯「孫中山」的影印。

因此，中文譯本雖然有如上所述的五種，但如從其譯文本身來分類的話，在實際上只有兩種。就是章士釗譯的「孫中山」和金松岑譯的「三十三年落花夢」。

章士釗說他的譯書爲原書十分之四，且十分

之四中又有裁汰；但在實際上，據我的估計，它只有大約原文的八分之一到十分之一的內容。

第二、章士釗是從原書第十七章開始翻譯的。他不但亂譯，而且亂加自己的意見。從本文第六頁到第八頁倒數第二行這一大段就是他隨便加上去的。至於其亂譯，不勝枚舉，我只舉幾個例子。

「余認個人之自由權利者，不論財產平均之說，不論國家社會之說」（「滔天原自序」【節錄】第七頁）應譯爲：「我承認個人的自由權利，因此我不喜財產平均之說，也不取國家社會之說」。

「而直視天下事如兒戲」（本文第四十六頁第八行），應譯爲：「有如孩子在打架」。「自是漸明中六之非行。更有私書僞造之發見。黨說紛紜。議陳其名。惠州之事終。孫君續爲裁判。以含糊結局。此最後之事也。」（第五十頁第五——六行）其原文應譯爲：「從此背山（中村彌六）的非行逐漸分明，且有僞造文書之發現，此事遂成爲黨的問題，更演變成議除黨籍的問題。正在此事往另外方向發展空費時日之際，惠州起義結束，　孫君亦回來。此案隨則成爲訴訟問題，痲翁(神鞭知常)的調節，如此在紛紛擾擾中結其局。可是　孫君尚不氣餒，隨命我使上海，這是最後之一策。」

章士釗不僅亂譯，並且這裏譯一段，那裏譯一段，既不是正式的翻譯，也不是普通的所謂節譯，因此我把它叫做「撿譯」，就是這裏撿譯一段，那裏撿譯一段的意思。所以章士釗的譯本實在大有問題，殊不值得參考。

至於金松岑的譯本，雖然也有不少錯誤，但却比章士釗高明一些，且文筆又好。不過，嚴格說起來，這個譯本也不行。因爲他跟章士釗一樣隨便加自己的話，錯譯的地方也多。（如把西瓜譯成「丹藥」【第二頁】；將掛羊頭賣狗肉譯爲「夫飲羊之徒，不如屠狗」【第六頁】等）因此這兩個譯本，或應用譯述二字，而不該用譯字。

現在我要說的是，吉野作造校訂的「三十三年之夢」的著者名爲「白浪庵滔天」，平凡社版爲「宮崎滔天」，而其「自序」的署名則皆爲「滔天宮崎虎藏」。是卽宮崎寅藏是他的俗名，虎藏是他的戶口名，白浪庵滔天是他的別號，因此，在日本大家便通稱他爲宮崎滔天或宮崎寅藏，而在中國也是如此。又，在用白浪庵滔天之前，據說他曾經用過騰空庵白寅的別號。

「三十三年之夢」的原書，在本文前皆有三篇序文。第一篇是　孫中山先生的；第二篇爲淸藤幸七郎的（但吉野的校訂本把淸藤的序文排在前面，　孫先生的放在第二篇）；第三篇是無何有鄉生寫的。惟中文譯本皆只有　孫先生的序（章士釗譯本另外加上了章炳麟的題詞），因此我擬把另外兩篇序文錄出來給各位讀者參考。

吾友滔天子　俠烈氣高軒　畫策縱橫多危言　抱負在解兆民寃　胸藏經天緯地謀　欲興亞洲及全渾　感想湧來山嶽動　談論激處勢瀾翻　難那天時猶未到　失脚十年徒走奔　半生夢覺落花夕　青衫唯見斑酒痕　回首三十三年非　空有一片赤心存　半夜燈前感多少　呵筆寫盡舊夢繁　不入山門不避世　含垢笑入雲氏門　雲氏巧爲浪花節　妙技絕倫人傳

喧　子也天資聲音美　努而可窮造化源　講筵任述胸中事　案上宜說人閒原　一身安處隨處是　不須驕傲枉自尊　君不見人生擾擾一場夢　富貴功名何足論　大隱隱市　小隱隱村　人間更有隱外隱　併來清濁吞乾坤　噫吁彼一時兮此一時　清時須先伴芳樽　今多對酌滌襟煩　更佩一杯作春溫　落花紛紛雨紛紛　滿眸春老銷魂黯

滔天子投於桃中軒，隔數日，余得問訪焉，滔天歡迎，啣杯迭話舊夢，自申而成，而談遂不及當今之事也。感慨無窮，席上賦詩而述懷，偶告其著三十三年之夢剟成，即附以題辭云爾。

壬寅益夏　吞宇　清藤幸七郎識

三十三年夢

本是名家子　劍書其所耽　三三前已爾　翹足後三三　九九八十一　三三不爲十　不平出至性　人生同深笠　深笠飛燕子　艷情多畸男　他說眞豪傑　何知是張三　侈矣王侯夢　醒來羨小仙　清白高明士　空期五百年夢呼吁是夢　夢裏何尋夢　玲玲陌上聲　覺殺夢中夢

桃中軒席上醉餘與吞宇居士分三十三年夢五字，相唱酬，調滔天子學浪花節。

壬寅夏日　無何有鄉生

清藤幸七郎（一八七二——一九三一），別號吞宇。日本九州熊本市人。自幼就是宮崎弟兄的朋友。於一九〇〇年，曾與滔天前往新加坡勸說康有爲，被誤解而被捕下獄，其詳載於「三十三年之夢」「新加坡之下獄」章。

「支那革命與列國」（第三期）

「孫逸仙」（第四期）

「落花之歌」（第六期）

「支那革命之大勢」（第九期）

「革命問答」（第十期）

爾後在「日本及日本人」雜誌發表的有：

無賴庵「肥後人物論評」

巢鴨浪人「浪花節與天理教」（第四六三期）

無賴庵「肥哲余芳」（第五〇〇期）

誤入來「浪人的生活」（從第五〇三期至五二三期，但五〇六期未刊載）

滔天「yomoya 日記」（從第五一四期連載到五二三期）

滔天「與革命黨領袖黃興一夕談」（第五三五期）

滔天「俠客、江戶漢、浪花節」（第五四九期）

宮崎滔天「輕便乞丐」（第六三九期）

一九一五年滔天曾經參加過日本國會議員競選，但名落孫山。在他的晚年，滔天經常為「上海日日新聞」寫稿。

六兵衛「東京通訊」（斷斷續續地由一九一八年五月十二日連載到一九二一年六月二十八日）

滔天「消夏漫錄」（從一九一八年七月二十四日連載十八天）

滔天「黃興先生逝世三週年之回憶」（從一九一八年十一月九日到十七日連載八天）

滔天「朝鮮窺記」（一九一八年十一月二十六日連刊至十二月四日）

滔天「Mudaga記」（一九一八年十二月十七、十八兩日）

滔天「大脚爐通訊」（一九一九年二月七日至三月十五日連載）

六兵衛「Midare Bako 通訊」（一九一九年四月至五月二十七日連載）

滔天「韜園近況」（刊於一九一九年四月二十四、五兩日）

滔天「帝劇見物」（從一九一九年五月十一日連載三天。帝劇乃帝國劇場之簡稱，見物此地意味着觀劇）

滔天「亡友錄」（從一九一九年五月十三日起至一九二〇年三月八日，斷斷續續地連載五十回。包括其兄彌藏、伊沙克·阿伯拉罕、吉富常太郎、金玉均（韓國人）、渡邊元、磯山淸衛、石橋禹三郎、鄭弼臣、史堅如、山田良政、畢永年、田野橘次、安永東之助、一木齊太郎、程家檉、鄭竹丹、陳天華、趙聲和武田範之等）。

滔天「近況如何」（從一九一九年九月十日連載三天）

滔天「悼佐佐木金次郎君」（刊於一九一九年九月十一日）

滔天「久違記」（從一九一九年十月十三日連刊八天）

滔天「山田良政君建碑式」（從一九一九年十一月二日連載三天）

六兵衛「旅中漫錄」（一九一九年十一月十六日載到十二月二十一日）

韜園主人「黃興將軍與刺客高某」（刊於一九二〇年一月一日）

高田村人「胡寫日記」（一九二〇年一月一日連載到該年年底）

船園主人「桂太郎與孫逸仙（介紹者秋山定輔）」（從一九二〇年一月二日起連載三天）

六兵衛「廣州行」（一九二一年三月七日連刊十九天）

高田村人「參宮紀行」（從一九二〇年九月十一日起連載八回）

（前一半原載一九七一年六月號臺北「新知雜誌」；後一半原刊於一九七一年十一月號臺北「藝文誌」）

註：一九七一年七月二十九日，東京平凡社發行「宮崎滔天全集」第一卷，把「三十三年之夢」收在該卷裏頭，因此其日文版本應該有五種。

一九七五、九、十九、補記

附記：第三種版本，最近我在東京神田舊書店一誠堂買到一本，特爲補記。六六、八、十五、東京。

十三、關於「宮崎滔天著全集」第一卷

陳鵬仁

中國辛亥革命之友，宮崎滔天的全集，一共五卷，已由東京平凡社出版四卷。第一卷發行於一九七一年七月二十九日。編者是滔天的哲嗣宮崎龍介和小野川秀美，不過宮崎龍介却於一九七一年一月二十三日，與世長辭。

「宮崎滔天全集」的「宮崎滔天」四個字，用的是黨國元老黃興的題字。其第一卷，卷首有十張照片，總共有六百二十五頁，十五篇文章，另有解說和解題等附錄。

現在，根據其解題，依次介紹其內容。

「三十三年之夢」，署名「滔天」，從一九〇二年一月三十日起，至同年六月十四日，在秋山定輔所經營的「二六新報」連載。前後連載一百二十三次，每次皆刊在頭一面，由此當可窺見其重要性。「三十三年之夢」是滔天著作當中，最重要和最馳名的一部，據說第一種版本曾經發行過十版，因此它幾乎變成了宮崎滔天的代名詞。包括此次的出版，「三十三年之夢」有五種日本版本，中文也有五種譯本（註）。

「落花之歌」，發表於一九〇六年十一月二十五日出版的「革命評論」第六期。這是惠州起義失敗以後，落魄的滔天批評當時日本政要酷待農民的歌詞。我譯過它，這篇譯文收在「孫中山先生與日本友人」一書由臺北大林書店出版。

「續三十三年之夢」，刊於一九〇七年五、六月號，由內田良平所主持的黑龍會機關刊物「黑龍」第七卷第一、二兩期。根據其序言，後補充在「三十三年之夢」裏，未能詳述的舊同志的事跡者，可惜他只寫了其胞兄宮崎民藏、宮崎彌藏和淸藤幸七郎三人。

「淸國革命軍談」，從一九一一年十月十九日，至同年十二月七日，以「滔天演」的署名，前後大約四十次，在「東京日日新聞」連載的。顧名思義，這是滔天的辛亥革命談，而由名叫高瀨魁介者筆記下來的。

「中國革命物語」，從一九一六年十月，到一九一七年十二月，在以吉野作造、稻葉君山、內藤湖南等人爲編輯人，以中野正剛爲主編的「東方時論」連載的。連載完了的一九一八年一月，宮崎滔天也成爲「東方時論」的同仁。而根據我個人的看法，這是滔天的辛亥革命史。它的記載雖然跟「三十三年之夢」有些重複，但也有新的事實。「三十三年之夢」已有中文譯本，因此將來我想把它譯成中文。

「淸國革命黨領袖　孫逸仙拘禁錄」，係從一八九八年五月十日到七月十六日，以「滔天坊」的筆名，在「九州日報」連載的。這是　國父以英文所撰寫 Kidnapped in London 的翻譯。宮崎滔天的翻譯，比商務印書館出版中文譯本還要早十四年，實在難得。

「孫逸仙」，署名「火海」，發表於一九〇六年十月二十日發行的「革命評論」第四期。我曾把它譯成中文，發表在一九七四年十月號東京「中華民國留日同學會會刊」，和同年十一月十二日臺北「中央日報」副刊。

「　孫逸仙」，這是滔天逝世後，在其老家發現的遺稿。根據宮崎龍介的說法，本來也是準備在「革命評論」發表的，惟該刊不久便被查禁，致使沒有刊出。前一篇「　孫逸仙」，可以說是滔天的「　孫逸仙論」；此篇可謂滔天的「孫逸仙傳」。我已把它翻譯出來，並寄給臺北的「傳記文學」雜誌發表。

「孫逸仙是一代的大人物」，係用宮崎滔天的名字，發表於一九一一年十一月號東京「中央公論」的。這是該刊「孫逸仙等革命黨首領人物」專集裏頭的一篇。該項專集共刊出十二篇文章，十之八、九評論　國父和黃興者，其中以滔天這篇爲最精彩。我曾譯它，發表於一九七一年四月號「藝文誌」，後來也收入在「孫中山先生與日本友人」一書。

「桂太郎與孫逸仙」，係從一九二一年一月二日起，以「韜園主人」的筆名，在「上海日日新聞」發表的。不過至今尚未能發現其全文，所以本卷所刊載的，只是宮崎龍介所剪下來的那一小部份。

「與革命黨領袖黃興一夕談」，乃發表於一九一〇年六月十五日所出版「日本及日本人」雜誌者。這是滔天在武昌起義前夕，在湖南採訪黃興時的報導。我已把它翻譯，並發表於一九七四年十月號的「藝文誌」。

「黃興先生逝世三周年的回憶」，乃一九一八年十月三十日，寫於漢城，自該年十一月九日至十七日，以「滔天」的署名，在「上海日日新聞」連載的。滔天與黃興的私交頗篤，這篇文章充滿了眞正的友誼，今年夏天我譯此文，因爲當時家母去世剛過半年，因此我想起家母逝世時的情況而流了眼淚。這篇譯文將刊於臺北「中華日報」。

「黃興將軍與刺客高君」，係於一九二〇年一月一日，以「韜園主人」的筆名，在「上海日日新聞」發表的。所謂「韜園」，乃是黃興送給滔天公館的屋號。這篇文字，也非常動人。我已經把它譯成中文，並將在臺北的「臺灣新生報」刊出。

「湖南行」係從一九一七年二月十五日起，至同年五月二十三日，在鈴木天眼所發行的「東洋日乃出新聞」連載的。這是黃興和蔡鍔相繼去世，滔天爲參加黃、蔡兩先進的國葬，前往湖南長沙時，由長沙寫的通訊。

「廣州行」，以「六兵衛」的筆名，從一九二一年三月七日到四月九日，前後十九次，在「上海日日新聞」連載的。這是滔天和萱野長知被邀訪問廣州時寫的通訊；也是滔天最後一次的訪問中國；更是他跟 國父等革命同志的最後一次告別。

以上是本卷的大致內容。現在，我決定把「湖南行」和「廣州行」也翻譯出來，一併前述的那些譯文，加上有關「三十三年之夢」的文章等，出版宮崎滔天所寫有關 國父和黃興的文集，以紀念中國國民黨建黨八十周年，聊盡做爲一個中國國民黨黨員的責任。

（註）不過，根據島田虔次的說法，「三十三年之夢」另外還有一種中譯本，就是林發初譯的「三十三年浮雲之影」，出版於一九三二年；惟島田氏自己也還沒看過這個版本。若是，中文譯本就有六種了。

一九七四年國父誕辰紀念日於東京

（原載一九七五年二月號臺北「藝文誌」）

十四、關於「宮崎滔天著全集」第二卷

陳鵬仁

此卷出版於一九七一年十二月十三日，定價二千六百日元，一共有六百六十九頁。卷首有一九一四年拍的滔天的照片，滔天於一九一五年競選日本衆議院議員的競選宣言， 國父勉勵滔天競選和預祝其當選的書信，一九一〇年黃興給滔天誓要打倒清朝的詩，滔天最後一次到中國大陸（廣東）時（一九二一年）的護照，一九一二年在上海黃興公館與同志們（ 國父也在內）拍的照片等十張照片。

本文共十六篇，分成四類，另有解說和解題，解說的執筆者是近藤秀樹氏。現在根據其解題，將此卷內容簡介如後。

「東京通訊」，署名「六兵衛」，係從一九一八年五月十二日，至一九二一年七月五日，前後四年，在「上海日日新聞」所連載有關政治、社會的評論。滔天連載此文時已經脫離了中國革命的實際行動，所以對於日本政治、社會的批評也就比較直截了當，嚴厲而尖銳。

「肥後人物論評」和「肥哲餘芳」，前者係從一九〇七年四月一日，到同年十月一日，在「日本及日本人」半月刊「人物評論」欄所連載；後者是一年多以後，亦即於一九〇九年一月一日，在同一刊物上，以前者的補篇而發表的，用的皆是「無賴庵」這個筆名。這是滔天對於他同鄉熊本人的人物評論。

「浪人生活」，「答流浪君」，「答流浪者先生」。「浪人生活」乃從一九〇九年二月十一日，至同年十二月一日，以「誤入來」的筆名，在「日本及日本人」所連載；後兩篇是在連載期間，對於讀者投書的答覆，「答流浪君」刊於五月十五日，「答流浪者先生」發表於九月十五日。

「浪人生活」是滔天對於末永節，門馬單平、宮崎民藏、相良寅雄、內田良平、吉田寅雄、大崎正吉、小室友次郎、田岡嶺雲等人，從各種角度將其分爲幾種浪人的評論。對於滔天的這篇評論，當時的讀者有不少反對意見，但是仍不失爲這些人的傳記史料。

「輕便乞丐」，是於一九一四年九月二十日，用宮崎滔天這個名字在「日本及日本人」所發表的。這裏所謂「輕便乞丐」，根據滔天自己的說法，乃是「利用浪花節，擬以達到某種目的的一種方法」。這是於一九〇二年滔天拜桃中軒雲右衛門爲師，投身浪曲界，在九州時，成功和失敗的回憶錄。

「亡友錄」，署名「滔天」，從一九一五年五月十三日，至隔年三月八日，在「上海日日新聞」斷斷續續連載的。以乃兄島津彌藏、伊撒克・阿伯拉罕、吉富常太郎、金玉均、渡邊元、磯山淸兵衛、石橋禹三郎、鄭弼臣、史堅如、山田良政、畢永年、田野橘次、安永東之助、一木才太郎、程家檉、孫竹丹、陳天華、趙聲和武田範之等人爲對象。惟在趙聲傳中，有「如前章『林文君』篇所說，……」等語，可是在宮崎家的剪報中却找不到林文的部份，可見滔天所寫此篇「亡友錄」，可能不只包括這些人。我認爲，滔天此文，頗有傳記史料價値。

「『革命評論』發刊詞」，「中國立憲問題」，「中國留學生的責任」，「中國革命與列強」，「中國革命的大勢」，「革命問答」。這六篇短文，皆發表於「革命評論」均以辛亥革命爲主題。

「『革命評論』發刊詞」刊於一九〇六年九月五日的創刊號，沒署名；「中國立憲問題」與「中國留學生的責任」，載於同年九月該刊第二期，皆署名「火海漁郎」；「中國革命與列強」刊於十月五日該刊第三期；「中國革命的大勢」發表於次年二月二十五日該刊第九期；「革命問答」登在三月二十五日該刊第十期，以上三篇統統署名「火海」。

發刊詞沒署名，所以不能斷定是滔天撰寫的，不過由該刊發行所使用滔天的地址（東京市新宿區番衆町三十四番地），和滔天在革命評論社的地位(實際主持人)看來，很可能由他親自撰寫，因此編者便把它列爲滔天的作品。該刊編者有滔天，萱野長知（鳳梨），板垣退助的秘書，「自由黨史」的作者和田三郎（懷仁），和「中國革命實見記」的著者池亨吉（斷水樓主人）；同仁有淸藤幸七郎、平山周、中野寅男（仁比、南窗）；宮崎民藏（巡耕）和相良寅雄（廹川）是客座；後來北輝次郎（一輝）也成爲同仁。（關於池亨吉著「中國革命實見記」，請參看陳鵬仁譯著「孫中山先生與日本友人」一書，臺北大林書店出版。）

「爲『擾亂財界』之妄辯解」，以宮崎滔天，發表於一九一〇年九月一日發行的「日本及日本人」。爲援助辛亥革命，萱野長知、兒玉篁南等想盡辦法想撈一筆錢，但其方法乃係受騙，致使爲報紙說成「擾亂財界」（亦即擾亂金融），於是滔天寫此文以爲辯解。

「『滬上評論』發刊詞」，未發表。據宮崎龍介說，此文爲乃父所撰，但據編者說，是否滔天所寫，仍有疑問。「滬上評論」，根據宮崎龍介的說法，係創刊於一九一二年，大約發行了半年；惟到目前爲止，沒人看過這個刊物，所以這個刊物究竟是月刊還是半月刊，發行了幾期，有些什麼文章，都不清楚。不過，根據滔天於一九一二年七月十五日，給古島一雄的信件說，該刊本來擬命名爲「上海旬報」，惟因當時已經有「上海日報」，這兩個名字容易混淆，遂將改名「滬上評論」；該刊中日文對照，以中日兩國國民爲對象；因爲何天烱的幫忙，已有一千元資金，加上廣告費，每期可以發一千份等等，所以這個刊物可能發行過。

最後，我想把　國父勉勵和預祝滔天當選的書信全文錄出，因爲此函爲國內任何「國父全集」所未有。

「宮崎寅藏先生大鑒聞足下立候補爲日本帝國衆議院議員欣盼之至足下懷抱莫大之政見故二十餘年來與弟共圖支那之革命。弟深信足下爲眞愛自由平等博愛之人此所以熱望足下之赫然當選也貴國民權日益發達將以足下之當選而卜之專此則頌起居　孫文二月廿八日」

（原載一九七五年青年節東京「力行」）

十五、關於「宮崎滔天著全集」第三卷

陳鵬仁

此卷於一九七三年六月三十日問世，一共有六百一十三頁，前面有滔天一家人（滔天夫妻、乃母及大公子龍介和次子震作，攝於一八九五年），跟蘇曼殊、松本藏次等於一九一六年在杭州西湖拍的照片等十四幀，其中包括 國父寫的「推心置腹」和黃興撰的「弢園」兩張匾額。

本卷內容分成兩大部份，前一部份爲：「獨酌放言」、「狂人譚」和「明治國姓爺」；後一部份是「大脚爐通訊」和「胡寫日記」。玆根據其題解，分別介紹於後。

「獨酌放言」，從一九〇〇年十月四日到同月十八日在「二六新報」所連載，署名「白寅學人」。這是滔天參加數次中國革命失敗後，在東京，分析和批評中日形勢的文章，是滔天表白他的政治、社會哲學思想最早的文獻。

「狂人譚」，係繼「獨酌放言」，從一九〇一年六月十九日，至同年十月十三日，以「不忍庵主」的名字，同樣在「二六新報」連載的。「狂人譚」連載以後，於一九一二年九月二十五日，由國光書房出版單行本，發行者是遠藤榮治。

「明治國姓爺」，它的整個題目是：「新浪花節慨世危譚明治國姓爺」，係以桃中軒牛右衛門的藝名，從一九〇三年八月十六日，至隔年一月二十九日，在「二六新報」連載的。從這篇文章，我們可以窺悉滔天幫助　孫中山先生之革命的經過，和他在長崎時代、熊本時代讀書的經驗。

「大脚爐通訊」，乃從一九一九年二月七日，到三月十五日，前後二十二次，以滔天的筆名，在宮地貫道的「上海日日新聞」連載的。從一九一八年以後，滔天的文章，幾乎是在「上海日日新聞」發表；而由此我們當可知道，滔天與宮地貫道的關係之如何地密切。

宮地貫道這個人，曾在中國大陸居住三十一年，而其大部份時間則在上海；他跟黨國元老張繼、蔡鍔和馬君武等人私交甚篤，尤其跟張繼關係最深，他初次到中國大陸，是張繼陪他去的。在事業上，張繼幫他很多。

「胡寫日記」，係從一九二〇年一月某日，至一九二一年一月十日，以「高田村人」的筆名，在「上海日日新聞」連載的。這是滔天以日記的文體，所寫有關他身邊雜事，以及政治、社會和宗教的評論。這篇日記，佔的篇幅最多，一共佔了二百九十八頁。在這裏，滔天對宗教特別關心，他經由大本教而終於信仰大宇宙教。

（原載一九七五年十月三十一日東京「力行」）

十六、關於「宮崎滔天著全集」第四卷

陳鵬仁

本卷初版發行於一九七三年十一月十六日，全書一共四百九十九頁，卷首有十六張照片，其中有一張是　國父訪問滔天老家時，跟滔天一家人和歡迎者一起拍的（一九一三年三月）；還有一張是於一九一二年元月，在上海和陳英士一道拍的。

現在，根據此集「解題」，介紹其內容如次。

「艦隊訪問」，發表於一八九八年六月二十三日的「九州日報」，署名滔天。「九州日報」係由玄洋社的機關報「福陵新報」改名而來，從其創刊，滔天在該報擔任過兩三個月的記者，社長的野半介是滔天的朋友。

「乾坤鎔爐日抄」，從一九〇一年十月三十一日，到同年十二月二十八日，在「二六新報」所連載，用「雲介」這個筆名發表。本文假托乾坤鎔爐主人弄鬼齋與其身邊的人們對話的方式，來批評社會和政治的文章。

「桃中軒的近況」和「巡廻雜錄」，前者刊登於一九〇三年六月六日的「二六新報」，是給該報總編輯福田和五郎的一封信；後者刊在同年七月十八日的同一個報，署名「桃中軒牛右衞門」，這是滔天唱「浪花節」的藝名。

在「桃中軒的近況」中，滔天的老同志末永

節曾經送滔天及乃師桃中軒雲右衛門各一首詩。

　贈桃中軒主人　浪華一流調　快辯縱橫雄舌掉　思道軒遺風　稜稜氣骨何壯激　談林豪雲右衛門　意氣衝雲似鶻鴿

　贈牛右衛門　愛狂自欲狂　三十三年夢一場洪鑪鑄乾坤　獨酌放言破天荒　休將往事論是非　白浪滔天渾茫茫

同時，玄洋社的白蓮居士也爲滔天師生贈一首詩，曰：

　魚水雲樂有契期　談林看這快男兒
　酣歌擊筑異門客　韜晦變名天下奇
　洒洒心情披瀝瀝　淋淋氣魄瀉漓漓
　慨時憤世暫休說　說至古人寄托微

　「『太平天國戰史』題辭並題詩」，這是刊在「黃帝紀元四千六百零九年九月日印刷，明治四十四年十二月日出版，編輯漢公，印刷者中華書局，總發行所共和日報社」所出版該書裏頭的。其原文如左：

　亡滿雖不成　痛快已
甚　其太平天國戰史
之餘味乎　漢家豪傑
　當勿忘九世之仇也
白浪庵滔天　宮　崎

　漢公以近纂太平天國戰史見示，賦此奉贈，並代辯：

　秋來風物感蕭條
　幾度狂吟醉裏消
　有客江南無限恨
　白雲深處話洪朝

紅樹江天意惘然
不堪回首漢衣冠
季高入虜容閎放　左容均曾上策太平王不見納
袁運朝廷絕可憐

八載圍城共苦辛
雎陽而後有斯人　謂林公啓榮守九江事
奈何曾左衣冠族
死抱遺經說帝秦

西風楊柳夕陽斜
廢殿淒涼帝子家
惟有多情南內月
至今猶照白門花

白浪庵滔天

「關於中國留學生」，刊於一九〇六年九月五日，「革命評論」創刊號，並未署名。它抨擊一般日人魚肉中國留學生，寄語日政府和人民尊重中國留學生，擁護中國革命。

「美國的今昔」，發表於一九〇六年十月五日出版的第三期「革命評論」，署名「夢我」。係批評美國之佔領古巴者，他指美國為「侵略的帝國主義」。

「野滿俊太郎及其弟留記」，載於一九〇六年十月二十日，「革命評論」第四期，署名「夢我庵」，是介紹滔天長兄八郎的同志野滿兄弟的文字。

「悼伊藤絹代夫人」，登在一九〇六年十一月十日，第五期的「革命評論」，絹代是自由黨員，在講談界馳名的伊藤痴遊(仁太郎)的夫人。

滔天代表革命評論社參加伊藤夫人的葬禮。

「浪花節評」，由一九〇七年一月十五日，至同年四月一日，前後六回，連載於「日本及日本人」，署名「博浪庵」，是對於當日「浪花節」的評論。

「浪花節與天理教」，繼前述「浪花節評」，於一九〇七年七月一日，在「日本及日本人」發表，署名「巢鴨浪人」，是開始與乃師雲右衛門分袂的文章。

「關西、九州巡迴日誌」，係從一九〇七年九月，分成數次，在「Mezamashi 新聞」所連載，以最常用的白浪庵滔天這個筆名發表。這是跟伊藤痴遊和一心亭辰雄在關西、九州地區唱「浪花節」期間的日記。這項日記發現於宮崎家的剪報，但不全。

「就『協同隊』謹告讀者諸君」和「熊本協同隊」。「熊本協同隊」，係從一九〇七年十一月五日，至翌年六月五日，在「熊本評論」（從第十期至第二十四期，但第二十三期沒刊載）發表的，但全文並沒完成；而「就『協同隊』謹告讀者諸君」，則刊在「熊本評論」第十一期，亦即「協同隊」連載第二次的「熊本評論」上面，署名宮崎滔天。所謂協同隊，乃是支援西鄉隆盛西南戰爭的隊伍。

「『近世名人譚』序」，這是爲伊藤痴遊著「近世名人譚」所寫的序文，該書出版於一九〇七年六月十五日，著作伊藤仁太郎，發行者株式會社忠文舍，代表者白河次郎。本書以桂小五郎、板垣退助、木戶孝允民選議院論的產生，岩倉具視在赤坂的遭殃和幕政時代板垣退助爲內容。

「Yomoyu 日記」，從一九〇八年八月一日，至同年十二月十五日，在「日本及日本人」連載，署名滔天。

「俠客、江戶兒與浪花節」，發表於一九一一年元旦，第五百四十九期「日本及日本人」，係「俠客專輯裏頭的一篇，也署名滔天。它論述「浪花節」與東京人和俠客的關係，並強調做爲「平民藝術」的「浪花節」的存在意義，可以說是滔天的「浪花節觀」。

「憶洪嚋和尚」，刊登於一九一一年十月一日發行的「日本及日本人」，以宮崎滔天的筆名發表，係對於洪嚋武田範之的悼文。

「黃一歐消息」，這是辛亥革命的第一則消息傳到日本沒幾天，以滔天談話的方式，在一九一一年十月十六日「東京日日新聞」刊出的。它否定黃興之子黃一歐被殺的報導。

「浪人界的新進宮崎滔天君的抱負」，刊於號稱「立志獨立進步之友」的「成功」雜誌，此期出版於一九一二年元旦，署名宮崎滔天，評論三浦梧樓、頭山滿、犬養毅、田中正造、三宅雄二郎、福本日南、內田良平、鈴木天眼、杉山茂丸等二十三個「浪人」。

「天草四郎」，這是在宮崎家所發現唯一的「浪花節」講稿，一共九卷，封面說「天正二年十一月十八日起稿」，但這可能是「大正二年」之誤。不過滔天是否用過這部講稿，則不清楚。

「憶金玉均先生」，這是葛生玄晫（東介）編「金玉均」一書裏頭，滔天回憶金玉均的文章。「金玉均」一書發行於一九一六年三月二十八日，編輯兼發行人葛生玄晫，非賣品。

「宮崎滔天氏之談」，這是長崎縣立圖書館渡邊庫輔文庫所收藏的座談記錄，不過却沒有註明在何時、何地與何人所談，惟從其內容來判斷，此項記錄可能成於一九一六年五月十八日以後。

「關於南北妥協問題」，發表於一九一八年五月一日，第二卷第五期「亞細亞時論」，署名「滔天宮崎虎藏」。「亞細亞時論」是黑龍會的機關雜誌，創刊於一九一七年七月一日，總編輯內田良平，編輯部有葛生能久、北原龍雄、長崎武等人。

「銷夏漫錄」，寫於一九一八年七月二十四日，發表於「上海日日新聞」，署名滔天，前後連載十八次，但不知從何時開始連載，和終於何時。它大事抨擊日本軍閥政府對　孫先生亡命日本態度之冷淡。

「朝鮮窺記」，從一九一八年十一月二十六日，至同年十二月四日，在「上海日日新聞」連載，署名滔天，是到韓國的旅行印象記。

「Mudaga 記」，刊於一九一八年十二月十七、十八兩日「上海日日新聞」，署名滔天，是京都、神戶的遊記。

「Midarebako 通訊」，從一九一九年四月，至五月二十七日，在「上海日日新聞」前後連載十二次，署名「六兵衛」。

「韜園近況」，發表於一九一九年四月二十四、二十五兩日的「上海日日新聞」，署名滔天的短文。

「帝劇見物」，從一九一九年五月十一日起，在「上海日日新聞」連載三天，署名滔天，寫於五月二日。所謂「帝劇」乃帝國劇場之簡稱，「見物」意味着觀劇。

「近況如何」，自一九一九年九月十一日起，在「上海日日新聞」連載三天，署名滔天，寫於八月二十九日。

「悼佐佐木金次郎君」，發表於一九一九年九月十一日的「上海日日新聞」，也署名滔天。

「久違記」，從一九一九年十月十三日，到十月二十三日，前後八次連載於「上海日日新聞」，署名滔天。

「故山田良政君建碑式」，從一九一九年十一月二日起，在「上海日日新聞」連載三天，同樣署名滔天。

「旅中漫錄」，從一九一九年十一月十六日起，在「上海日日新聞」，前後連載十一次，署名「六兵衛」的遊記。

「參宮紀行」，從一九二一年九月十一日起，至十月十九日，分成八回，在「上海日日新聞」所連載，署名「高田村人」，此文似乎是滔天所發表的最後一篇文章。

（原載一九七五年六月號臺北「藝文誌」）

十七、關於「宮崎滔天著全集」第五卷

陳鵬仁

此卷一共有七百二十四頁，另外前面有二十一張照片，後面有四頁的「宮崎滔天關係系圖」和三十七頁的「人名索引」，是五卷當中最大的一本，出版於一九七六年八月二十七日。

現在根據其「解說」，將其內容介紹如次。

暹羅行途上（第一信）

將第一信的一、二、三刊於一八九六年二月十一日、十三日和十四日的「國民新聞」者，署名「南蠻鐵」。

暹羅行途上（第二信）

分成上、中、下刊載於一八九六年三月二十九日、三十一日和四月二日的「國民新聞」者，署名「南蠻鐵」。

暹羅行

刊登於一八九六年四月二十五日、二十六日、二十九日、三十日和五月一日的「國民新聞」，仍署名「南蠻鐵」。

暹羅雜信

署名「南蠻鐵」，發表於一八九六年六月十二日的「國民新聞」。

暹羅內地探險

刊於一八九六年六月十三日、十四日、十七日、十八日、二十一日、七月二日、十一日、和十二日的「國民新聞」。署名「南蠻鐵生」。這

篇探險文，除六月十三日的第一篇外，都是南萬里亦即平山周寫的；不過平山周另外寫有「暹羅內地探險記五月十七日盤谷發周生」一文，在「日本」自六月十三連載到十六日，其內容與此文大致相同。又，同行的南斗星末永節，也在六月八日「日本」這份報紙的雜報報欄，發表有論暹羅形勢的「暹羅通信（五月十五日發）在盤谷府節生一文」。

暹羅短信

以「南蠻鐵」的筆名，發表於一八九六年六月二十七日的「國民新聞」。

暹羅農商務大臣斯里薩克伯爵

署名「南蠻鐵」，刊於一八九六年七月十九日的「國民新聞」。

暹羅的貿易

署名「南蠻鐵」，分上、中、下，刊載於一八九六年八月十八日、十九日和九月四日的「國民新聞」。

暹羅國土人音樂

受「家庭雜誌」之托，署名「暹羅旅行者南蠻鐵」，發表於一八九六年十月十日號的「家庭雜誌」。「家庭雜誌」係於一八九二年九月，由政論家德富蘇峰所創刊，發行所是民友社。

中國人在暹羅

署名「南蠻鐵」，分上、中、下三次，刊登於一九八六年十二月十五日至十七日的「國民新聞」。

暹羅土人的風俗

分刊於一八九七年一月七日、八日和十五日的「國民新聞」，署名「南蠻鐵」但只署名於第三次；前兩次並未署名。

關於暹羅國王訪日的傳說

署名「南蠻鐵」，發表於一八九七年一月二十日的「國民新聞」。

盤國雜話

署名「南蠻鐵」，刊載於一八九七年一月三十日和二月三日的「國民新聞」。

暹羅商業談（阿川太郎的談話）

署名「南蠻鐵」，刊於一八九七年二月二十四日的「國民新聞」。

暹羅殖民始末

署名「南蠻鐵」，刊登於一八九七年七月二十四日、二十五日、二十七日、二十九日、三十日、八月一日、三日、四日的「國民新聞」。

無題草稿（I）

存於宮崎家的毛筆草稿，一共有五張，似乎是閱讀有關日、英、中文書的計劃、目的和態度。可能寫於一八八七年左右。

無題草稿（II）

存於宮崎家的，以金玉均橫死上海為內容的殘稿。用國民新聞社的稿紙十三張和普通紙四張以毛筆寫的片斷。

殖民暹羅我見

存於宮崎家的未發表殘稿。以毛筆寫於十一張的國民新聞社稿紙，意欲從風土氣候，土地價格，生產力，以及政治上的位置來論其適於殖民，惟只談到第一點，似乎寫於一八九六年至九七年之間。

關於浪花節的改良。

這是一篇發表於一九〇六年八月一日「趣味」

雜誌，滔天對於改良浪花節的談話。

國是問答

署名「滔天」，發表於一九〇六年十一月二十日出版的伊藤痴遊的「Mezamashi 新聞」。它附有(3)的號碼，所以可能是連載的文章，但現在只找到這一部份。

隨感隨錄

署名「滔天」，刊載於一九〇六年五月五日和五月二十五日的「Mezamashi 新聞」。也應該是連載的文章，但現在只能找到這兩篇。

中國革命或問

署名「宮崎滔天」，發表於一九〇八年十一月十六日的「Mezamashi 新聞」。這似乎也是連載的東西，但今日只得找到此篇。在這期上，同時刊有「孫逸仙傳—幽囚與在外友人的運動（三）」。

家憲十則

爲宮崎家所收藏，係用「日本日及本人」雜誌社的三張稿紙以毛筆寫的。執筆日期應該是一九〇九年二月六日，因爲滔天在同日寫給他太太的信裏說，他曾爲他們的長子龍介寫了家憲十則等語。

南遊記

存於宮崎家的，用毛筆寫的未發表草稿。普通紙，自(1)至(9)的九張，和(2)(3)(4)的三張，共計十二張。似乎寫於一九一〇年六月左右。

無題草稿（Ⅲ）

這是宮崎家所收藏，用普通稿紙和毛筆寫的，上面附有(1)至(8)之號碼的八張草稿；是欲敘述雲南省干崖土司刀安仁在辛亥革命時光復騰越的事歷者。從其文脈來判斷，似乎執筆於一九一一年年底。

中國革命窺記

宮崎家所收藏，用「日本及日本人」雜誌社稿紙兩張以毛筆寫的草稿。署名「滔天」。

無題草稿（Ⅳ）

由宮崎家所收藏，在普通紙上面附有，(1)至(6)之號碼，用毛筆寫成的六張草稿。這是一篇對於 國父辭去臨時大總統，袁世凱竊國的評論，可惜不全。從其內容來看，應該寫於自一九一二年五月十五日至該年年底以前。

「利根川勝地案內」序

這是給一九一八年四月二十日出版，伊藤省三編「利根川勝地案內」一書寫的序文，執筆於一九一七年十月。

桂太郎與　孫逸仙

這是收在「宮崎滔天全集」第一卷，刊載於「上海日日新聞」之「桂太郎與　孫逸仙」的缺落部份的部份稿；是滔天的長子龍介用普通稿紙抄寫下來的四張稿文，發現於宮崎家。這應該還有續稿，但無法找到。

無題草稿（Ｖ）

存於宮崎家，用普通稿紙以毛筆撰寫的四張草稿；是關於大宇宙教開山祖悉陀羅亦即堀才吉的略傳。似乎寫於一九二〇年年底以後。

筆談殘稿

這是存在宮崎家的筆談殘稿。一共有三十七張，其中一張是上野鐵道株式會社用紙，其餘的三十六張是卷紙。裏頭有三張是前、後面都寫了字的。

從內容看，是宮崎滔天與　國父、何樹齡以及三個不能判別是誰（姑名爲甲乙丙）的筆談。但與　國父的筆談，顯然不是同一時間和同一地點舉行的。

跟　國父的筆談，似乎是自一八九七年八月，滔天初逢　國父於橫濱時起，至一八九八年八月，滔天與平山周再度前往中國大陸前夕的產物。

跟何樹齡的筆談是，一八九七年七月，在廣州，滔天和平山周的共同筆談。跟甲的筆談，應該是在一八九七年十月左右，由於甲也訪問了渡邊元，因此其地點可能在長崎。與乙的筆談是，乙問滔天有關東京的大學事，乙或許是康有爲手下的人。時間可能在一八九七年或九八年。與丙的筆談，其時間不詳。

內田甲氏談西伯利亞

自一八九八年七月三十日起連載於「九州日報」，但沒完稿。署名「滔天」。

中國通訊

刊於一八九八年九月七、八、九、十日「九州日報」第一面的雜報欄。署名「滔天坊」，冠有「特派員」的頭銜。

旅中閑話

連載於一八九八年九月二十二日、二十五日、二十七日、三十日、十月一日的「九州日報」，署名「特派員滔天坊」。

香港特信

刊登於一八九八年十月八日和十三日「九州日報」第一面的雜報欄，署名「特派員滔天坊」。

中國海上通訊

刊載於一八九八年十月二十七日「九州日報」第一面的雜報欄，署名「滔天坊」。

東京通訊

自一八九八年十一月九日，至一八九九年三月二十五日，一共十三次，斷斷續續地刊載於「九州日報」「東京通訊」欄，署名「滔天坊」。

（但其中兩篇是獨立的文章）

浮萍日程

分刊於一八九九年七月二十六日 、二十九日、八月三十日、三十一日、九月一日和九月三日的「九州日報」。其中前兩篇寫於仙臺丸，署名「滔天浪人」；後四篇撰於香港，署名「滔天坊」。

香港特信

刊於一八九九年九月一日和二日的「九州日報」，署名「滔天坊」。

伊藤公一代記這是自一九〇九年十一月二日至十二月八日，連載於「神戶新聞」的浪花節講稿，但沒連載完（沒寫完）。

寄發「革命評論」名簿

自一九〇六年九月五日，至一九〇七年三月二十五日止，由宮崎滔天主編的「革命評論」，一共發行了十期，這是寄發（包括贈送、交換和長期訂戶）「革命評論」的名簿，爲宮崎家所收藏。

宮崎滔天

這是滔天的姐姐富的三男築地宜雄，應信州大學永井算已要求而口述的文章，不是要公開發表的。築地宜雄念第一高等學校和東京帝大的時候，均住宮崎家，爲築地家所收藏。

滔天夫人回憶錄

一九二九年，連載於「東京每夕新聞」的滔天夫人槌子的回憶錄。近年出版的宮崎滔天著「三十三之夢」，大致都附錄此文。

槌子夫人歌稿（節錄）

滔天夫人槌子愛寫詩歌，留有八本筆記簿的歌集，全部用毛筆寫於一九三五年至一九三九年之間，這是它的節錄。其中有許多是關於國父、黃興和辛亥革命者。原稿存於宮崎家。

除此而外，本卷還有很詳細的「『三十三年之夢』註釋」，和宮崎滔天的「年譜」。這份年譜一共有六十九頁，極富史料價值。

一九七七年七月十七日　於東京

（原載一九七七年九月號臺北「藝文誌」）

十八、宮崎滔天與孫中山的筆談殘稿

陳鵬仁

此項殘稿係發現於宮崎家，收於「宮崎滔天全集」第五卷。據此卷「解說」，這些筆談，似乎舉行於自一八九七年八月，他倆初逢於橫濱之時，至一八九八年，宮崎與平山周聯袂再度前往中國大陸的前夕這個期間。此項筆談可與宮崎的著作「三十三年之夢」互爲印證。

根據這些筆談，我們可以知道孫中山欲請梁啓超來日本。一八九八年冬季， 孫中山更推薦梁啓超出任橫濱華僑學校的校長。

筆談殘稿中所說，荒尾精著作，可能指「對清意見」，或者「對清辯妄」而言。紙上空白處，寫着十幾個亨利·喬治的名字。又，此項筆談，因平山周也參加，故可能有平山的筆跡（意見），惟分不清楚，故統統冠之以宮崎名字。空兩行者，表示另外一張紙。以下是其筆談的整個內容。

〔孫中山〕何〔樹齡〕君信內所陳之意，必商之同志多人，並爲康〔有爲〕先生所許，方敢發此言也。是則此意非一人之私，實中國羣賢之公意也。彼膽小心細，弟深知此等之意非彼一人所敢言也。

〔滔天〕使貴國同志深知我輩之意。此書論滿清政府之末路，說中國在野志士之有望，此書有漢之本否，所謂興清之說，論中國志士與日本國提携。此書著者元陸軍大尉〔荒尾精〕久在清國，六年前與日清貿易研究所於上海，昨〔一八九六年十月三十日〕沒於臺灣。

〔孫中山〕湖南一省，昔號爲最守舊之地，今亦改變如此，眞大奇也。

〔滔天〕陳白先生之事，弟從亡兄彌藏之書信聞之，弟着橫濱之時，家兄已逝，亦不可尋陳白先生之事，弟心竊求陳白先生而不得，適渡清之前數日，面會根俊虎君，此人紹介陳白兄，後聞曾根氏之風聞，弟心甚痛之。

〔孫中山〕共與陳君見過幾次。

〔滔天〕二次。

〔孫中山〕有談及亞洲大局否。

〔滔天〕然。

〔孫中山〕有談及現與弟議之事否。

〔滔天〕陳先生示先生之著書（Kidnapped in London），弟先略聞先生之事，是賴家兄之書信。

〔孫中山〕先生有對陳君言過貴政府欲相助之意否。

〔滔天〕不敢言，唯紹介於犬養（毅）君，今依犬養君聞之，陳君未遇犬養君。

〔孫中山〕弟意招陳君同來，共商此事，先生以爲如何。

〔滔天〕甚是。

〔滔天〕就先生旅行劵之事，犬養、尾崎（行雄）、小村（壽太郎）三君商議，今清國公使恐先生甚，嚴偵查其舉動，故先生遠入內地非得策，暫定住京地，慎交通來往，使清國公使安心，而後宜待時入內地，今甚不便，唯先生住東京，任其自由也。

〔孫中山〕清公使偵查之事，由何而知。

〔滔天〕自警視廳報告外務省。

〔孫中山〕清國有無行文到貴國政府論及弟事。

〔滔天〕猶未有。

〔孫中山〕有無在此僱偵探。窺伺弟之行踪。

〔滔天〕日清戰爭後，此類之人甚多，有偵查先生之行跡者亦難測，故雖日人不可安心。犬養君甚望先生之注意，犬養君亦曰。書函往復，尤不可不慎。

〔孫中山〕可否命警視廳，探查何人受清公使之僱而設法阻之。

〔滔天〕受清公使之僱而探查者，素秘密之僱，不能得其證，故雖知其人，不能捕拿之，無阻之法，故警視廳亦嚴探查其人而已。

〔孫中山〕君度有無清公使用重賄買人加害之虞。

〔滔天〕犬養君曰，「說大臣大隈（重信）甚容易，故不要急，唯陸軍參謀長同意之，則可謂事成也。犬養曰，我未見大隈。然以其語氣察之，犬養君既如經與大臣大隈商議，其不公言之，弟等者（？）想慎其秘密者，先生亦宜諒之。

〔孫中山〕他日舉事，弟必親督士卒攻（？）城襲，而陳君當留日本與貴政府商辦各事。

〔滔天〕甚可也。

犬養君曰，設廣東語學堂甚可也，必不可不設之，唯曰廣東語學堂，淸人或覺有心廣東，故表曰中國語學堂，裏實學廣東語亦也。

〔孫中山〕甚好，陳白君優於辦此等之事，如其有意，弟當早招之回日，克日舉辦。

〔滔天〕犬養君曰，設學堂之事，中日孰可。

〔孫中山〕以日爲妥，唯舉事之便，有設於中國，然少不穩當。

〔滔天〕誠然。

〔孫中山〕但欲學廣東，則必設於廣東，惟如犬養君之所慮，則有不宜也。

又前貴國人士設商業學堂於上海，淸人皆傳此實日本欲偵探淸國之情形起見，今又步其後塵，則必生疑矣，弟等又有意於茲。

〔滔天〕此學堂主卽是荒尾精君，一昨日先生見其書，可見其志。唯多數人不知其深意，而疑惧之矣，可慎也。

〔孫中山〕學堂設於東京甚好，因可招我輩同志過來，名爲教習，內可商議舉事之策。

〔滔天〕甚可也，甚可也。

〔孫中山〕望對犬養君言此意。

〔滔天〕敬承，敬承。曾根君曾謀弟於學堂之事，弟就二三友人談之，皆可其說，而不可其人，弟知於是撰人之要。

〔孫中山〕正是。

〔滔天〕現時曾君名望墜地，弟甚痛之，唯當事用之，亦有用之人物也。曾君之意想，是承陳君所囑，陳君久有此志，因限於力，故謀及曾君也。

〔孫中山〕或然，非預謀之人。

〔滔天〕先生之心事，弟等肘度之。唯少忍而待機可也，弟等舉全力盡先生之事，先生之事，東洋之事，則世界人權之問題也。先生負此重任，須持重也，德不孤，必有隣也，誠哉言也。

〔孫中山〕弟入東京住，欲覓一通漢文及善書寫之婢，以代抄寫，及教日語。可否有其人。

〔滔天〕婢皆是無有文字者，男或可得歟。

〔孫中山〕男薪水如何。

〔滔天〕有文字而在他家者，多是食客的也，不便薪水，則食客也。

〔滔天〕戰國之時，信陵君有食客三千人，食客此類也。從薪水之勞者僱一人，而弟等一人居之，而先生學日語，弟等學廣東語，爲甚便，倔有文字者甚難，少有文字之少年，多是食客，不爲一事而徒食而已。

〔孫中山〕工價工錢。

〔滔天〕從薪水之勞者，一個月壹圓五拾錢，費男女一樣，唯無文字，無此則不通言語也。

〔滔天〕何樹齡與先生前年之變否。

〔孫中山〕未與，彼無此等膽略，但甚有心耳。

（除以上問答外空白處有十幾個 Henly Jorge-應爲 Henry George-等字）

〔滔天〕萬無止，弟等同居，與先生採薪水之勞可也，弟等唯胸中有大事而已，因不厭薪水之勞也。

〔孫中山〕同居甚好，而下一說，則不敢當也。若陳君同住，則甚便，彼略曉日語也，弟在橫濱，已四覓華童而曉日語者，皆不得也。弟昔在廣東之日，亦有此百數十人，何時可尋得一屋，弟當定日遷來也。陳白君甚好詩才，弟不能爲詩，蓋無風流天性也。

郵（？）　陳白。

百十九服部二郎方　孫逸仙

〔滔天〕若有可怪者，則開封，關國事者，郵便局則政府許開封，不可不愼也。

〔滔天〕我政府幸允先生之所思，先使長軍事之人，偵察彼地情況，爲作戰計畫，是第一之急務也。

〔孫中山〕此是必然之理，此時貴國同志一人從之可也。弟近欲發信上海，請梁啓超或其親信一人到此一遊，同商大事，他敢來與否，弟尚不能料。

〔滔天〕先生書信所欲言，不知何事，唯載大事於書信，之爲可愼矣。

〔孫中山〕吾輩另有秘語，非局外人所能知。

〔滔天〕大可也，我國政府助先生之事，不言爲可也。

〔孫中山〕自然，不言此，弟惟言有急務，欲見之耳。

〔滔天〕是也，康先生或梁先生，此兩人中一人來此地，與先生商議，萬事可望也。

〔孫中山〕康斷不能來，因他在中國，亦未有公然出名，此指新聞紙而言，若他來此，必大招物議，因弟在此也。梁氏或別位已可，弟不過欲彼到來，報知中國現在情形耳，因弟離國已有二年，各事已有多變矣。

〔滔天〕康先生何時回來廣東。

〔孫中山〕康之所行，欲學戰國之鬼谷子，多使其門弟子出來辦事，而彼則隱其名。

〔滔天〕中東合同，以爲亞洲之盟主，興滅國，繼絕世，用其方新之力，阻遏西勢東漸之兇鋒者，天理人心之所會也，斷而行之，今之時爲然，一日不可寬。

〔孫中山〕極是，極是。惟不可先露其機，以招歐人之忌，則志無不成也。吾合，彼亦合，勢必然也，惟先合者必勝也。

〔孫中山〕食在廣州，着在蘇州，建都。僕常持一都四京（五大鎮）之說，武漢（都）西京（重慶）東京（江寧）廣州（南京）順天（北京）。

〔孫中山〕且數處齊起者，不只驚動清虜，且震恐天下，則不只俄人力任救清之責，吾輩亦恐蹈拿坡崙之覆轍。惹歐洲聯盟而制我也，蓋貴國維新而興，已大犯歐人之所忌矣，中國今欲步貴國之後塵，初必不能太露頭角也。

〔滔天〕雖曰不露頭角，而事一發，則不能瞞歐洲明眼人之耳目也。

〔孫中山〕萬一不幸歐洲有聯盟之舉，鄙意必先分立各省爲自主之國，各請歐洲一國爲保護，以散其盟，彼盟一散然後我從而復合之，其法以廣東請英保護，廣西請法保護，兩湖四川中原爲獨立之國，法德一入我圈套，則必自解其與俄之從，然後我得以利啖之，使專拒俄，或聯東西成一大從，以壓俄人東向之志，俄勢一孤，我可優游以圖治，內治一定，則以一中華亦足以衡天下矣。此余一人之見也，足下以爲如何。

〔滔天〕倘此事爲俄主張，使獨人先發手，則中國危矣。分割之機，或兆於此也，我輩爲之奈何。

〔孫中山〕瓜分之機已兆，則我輩須靜觀淸政府之所爲如何，暗結日英兩國爲後勁，我同志之士相率潛入內地，收攬所在之英雄，先據有一二省爲根本，以爲割據之勢，而後張勢威於四方，奠定大局也。

〔滔天〕事機不密，則害成者，易之大戒也。及今之時，須在淸國南北之要會，設法務收攬所在英雄之心，妥爲布置，可以占有爲之地步，是爲目前之至要。

〔孫中山〕歐洲聯盟制我之事，或未必有，然不可不爲之防。道在我有不可攻，不恃人之不我攻也。閣下到中國各處，結納有志之士，如此之衆，其中有雄才大略，可以獨當一面者，有幾人，可得詳而名之乎。

〔滔天〕……者多在重慶及河南山東之三處，才略兼備，任大事者，纔有四人。

〔孫中山〕現在何處，是何姓名。

〔滔天〕其他精明強悍，充方面之任者，約二十七八人。

〔孫中山〕在何處爲多。

〔滔天〕四川河南山東江蘇交界之地，可舉二萬之衆，四川廖英初，河南鄭、梁、胡、王，江西李，此六員有爲之才也。其外二十七八人。

〔孫中山〕閣下何不一游廣東惠潮嘉三府之地，往年英法入北京，亦在此地招額外之兵。

〔滔天〕弟周游貴國，多眞士大夫，上下議論。先自興亞之策而入，興亞之第一着，在中東之提携，而欲舉中東合同之實，非一洗滿清之弊政不可，是故所說無不合也。

〔孫中山〕上說之三府，其人民十居八九，已入反清復明之會，其人亦最強悍，官府不敢追究之，弟意此地亦可作起點之區，因與臺灣密邇，便於接濟軍火，閣下此到中國，務宜留心此地。往見兩湖張（之洞）督，可直以興亞之策說他，多是粗蠻之人，雖富豪子弟，亦不讀書，多尚拳勇之徒（？）。

〔孫中山〕閣下遲數日再往中國，弟意以爲不必泛多，只宜往一近海口之處，聯絡同志，爲發軔之處，可以，蓋以弟意所知者，今日有是志者，到處皆是，惟不敢言而矣。是以吾輩不憂無同志，只恐不能發一起點而矣，有一起點，即如置一星之火於枯木之山矣，不必慮其不焚也。惟此起點之地，閣下以何爲最善，前者弟以廣東爲最善，因人地合宜也。在廣地，一月之內，必可集山林慓悍之徒三四十萬，但有前年之失，當地之官，已如驚弓之鳥，到處提防，我輩舉動，較前略難矣。是廣東者，今日非善矣。不先擇定一地，則無由定經略之策也。

〔滔天〕還是以四川爲負嵎之地，在張羽翼于湘楚汴梁之郊而耳。

〔孫中山〕但四川不近海口，接濟軍火爲難，爲之奈何。

〔滔天〕軍火一項，雖近海口，亦所難，無已，開接濟之道於浙東之沿岸乎。

〔孫中山〕是亦失太遠。

〔滔天〕誠如前之所言，在山東河南江蘇交界，可招二三萬衆，則以江蘇之海州爲最善矣。蓋起點之地，必先求得人，其次接濟軍火之道，其三不近通商口岸，免各國藉口牽制。海州之地，於此三者皆得，且可握運河絕漕米，此亦制北京之死命。

〔孫中山〕取道於海州之事，弟已於十餘年前思量之，曾到彼地，盤桓七八天，細看海口之形勢，不便入巨船，只離州城二十里，雲臺山在海中，有可靠大船耳，且州城有釐金，每小船通過，稽查甚嚴。

〔滔天〕到此時，不怕釐金卡矣，弟所謂起點者，則先奪取之區（？），而意亦並指雲臺山也。

〔孫中山〕先奪雲臺，結束已成，而入州城，或事可集，然是亦不得謂恰好之地。

〔孫中山〕蓋起點之地，不拘形勢，總求急於聚人，利於接濟，快於進取而矣。在海州，則進取接濟，亦利於廣東矣。惟聚人，則弟於此毫無把握，蓋萬端仍以聚人爲第一着，故別處雖有形勢，雖便接濟，而心仍不能捨廣東者，則以吾人之所在也，如閣下云此地可招二三萬衆，亦可集事矣。蓋海州既有兩便，又有其人，則北可進握山東以窺北京，南可奪取淮揚以通大江，則糧食無憂也。有人有糧有器，則成敗在乎運籌指揮之策耳。

〔滔天〕從海州到河南山東之交界，約要十數天。此間一帶之地，土赤民貧，無糗糧之可續，我數千之衆，逡巡之間，或爲敵之所乘，弟故以爲起點之地，先要擇形勝之區。

有敝友立說曰，以臺灣南角之火燒島爲軍火頓積之處，用小船暗送運閩越之海口，可以開接濟之道，此說以爲如何。

〔孫中山〕此說頗有理，惟以小船送運，恐有絕奪之虞。

〔滔天〕用小船送運者，避人之指目也。

〔孫中山〕雖然，但小船不能與釐卡抗衡，故不穩也。

〔滔天〕弟之意獨有一策，欲在外集人千數，備足軍火，暗入中國，襲奪一大名城，入此則用小船，送運軍火，亦可充用。

〔孫中山〕必用大船，作一起齊到方可，若小船，必分數次，則先到者已擒，而在後者亦不能助，而不能知也。小船運軍火之法，廣東前年之事，則用之也，甚有成效，運過數十次，關卡毫無知覺，後用大汽船所運者，反被搜出，雖然，小船前則有效，今必不能用矣，因彼已知所防也，閣下所言小船之法，亦甚是也，可知英雄所見略同，惟余輩有前失耳。

〔滔天〕擾亂省城，借名招勇，每人每月十塊洋元，鄉愚貪利，應募紛紛。

〔孫中山〕當時弟已領二百壯士，九月一日進了內城，已足發乎，後有人止之，謂此數不足彈壓亂民，恐有刼掠之虞。後再向潮州調潮人三千名，爲彈壓地方，候至初九，仍未見到，各人會議，定策改期，是午後二時，發電下港，止二隊人不來，不料該頭目無快斷，至四時仍任六百之衆赴夜船而來，我在城之衆，於九日午，已散入內地，而港隊於十日早到城，已兩不相值，遂被擒五十餘人。當時在粤城有安勇三千人，有督標撫標各營之兵，已有意一起事，時即降附我衆，及在廣河之水師兵輪亦然，後失事，兵輪統帶（程奎光）被囚，安勇統帶自縊。

〔孫中山〕其失則全在香港之隊到來，使有證據，而其不來則無據可執也，因當日已合全省紳民反案，因左隥確實，遂不能移。

〔滔天?〕何若政府不能助者，結合民間之俠士尤易，未知諸同志之意如之何，又先生之高慮如之何。

（原載一九七七年八月號臺北「人與社會」）

十九、黃克強先生軼事

陳鵬仁

去年夏天，在一個偶然的機會，我認識了一位在美國已經住上將近五十年的日本人；而今年夏天，我更跟他在紐約郊外的長島濱海一起工作。這位日本人，名叫上田金作，是長崎縣島原市人，今年八十歲。

自十五歲起，他就開始過着海上的生活。換句話說，他是輪船的服務生。因此，他幾乎跑遍了地球上的每一個角落；更見過不少的世界名人。而黃克強先生就是他所接觸過的這些名人之一。

據他說，民國二年夏季，因二次革命失敗，黃克強先生擬亡命日本，當時他所乘的日輪靜岡丸（六千二百公噸，船長爲井澤虎吉），乃受中國革命之友犬養毅之托，在上海接黃先生，把他帶到日本來。該輪由上海開到香港去運客人，爾後由香港再經上海，而抵達橫濱，前後大約三星期。

在這三個星期當中，據他說最麻煩的就是在香港停留一星期，以載三百多名中國人移民至加拿大溫哥華的時候。因爲當時懸賞通緝黃先生，既怕給香港政府海關官員查到，又怕移民的中國人爲獎金而告密，因此想盡辦法掩護他。專門侍候黃先生的，除上田氏外還有一位姓佐藤的靜岡人。爲避免給海關官員發現，他們曾經把黃先生藏在冷凍蔬菜的大冰箱裏，那時黃先生穿上大衣和披着毛氈進冰箱。而在通常，黃先生則住船上郵局專堆信件的大箱子，並完全與一般客人隔絕。佐藤氏專送飯給黃先生吃，上田氏有時候也幫忙；但上田氏主要的工作是帶黃先生到服務生專用的澡堂去洗澡，和在澡堂外邊守候黃先生。

根據上田氏說，黃先生身軀魁偉，臉白，眼睛很大，大約四十歲，說一口流利的日本話。黃先生完全不喝酒，喜歡吃日本菜，而不喜歡西餐；更歡喜洗澡，一天最少要洗一次，多時要洗兩次到三次。而且，連洗澡時也要把手槍放在身邊。忘記帶的時候，卽喊上田氏去拿。在這次旅途上，黃先生一直在看轟動當時日本文壇一時的德富盧花（健次郎，當日之名政論家德富蘇峯的胞弟）底「不如歸」。

跟黃先生上船的還有一位中國人。上田氏不知道這位中國人是誰；但這位中國人却帶着很多錢給黃先生。以後這位中國人下船去，並未到日本。爲酬謝上田氏和佐藤氏的照顧，黃先生曾給他們各一百元；但是，靜岡丸的事務長命令他們不能要。（當時上田氏的月薪是十二元）因爲黃先生不是普通客人，而是大政治家犬養毅的亡命朋友。不過黃先生終把他的手錶送給佐藤氏。又，上田氏亦曾用白襯衣的背身請黃先生寫字給他；但事務長又命令不可以，因此，連黃先生的墨蹟也沒有到手。惟後來，他們的公司各給他們五元獎金。

黃先生向他們說，他到達日本後不久將轉往美國，不過將來只要他能成功，他一定要請他們兩個人到中國來，並將保障他們一生的生活。三年後，黃先生不幸與世長辭。上田氏說：「假若黃先生不那麼早逝世，而我眞的去找他的話，我的一生恐怕又是另一種景況了。』

靜岡丸抵達橫濱時，很多日本的新聞記者到碼頭去找消息。這些記者抓住上田和佐藤氏說：『你們一定知道這條船載有中國革命領袖黃興。只要你們肯說出這個事實，我們決定給你們要多少就給多少的錢。』當然，他們守口如瓶。到那天晚上深夜，靜岡丸開到靠近東京的某地，黃先生才下船，下榻犬養毅公館。

以上係上田氏向我所說有關黃克強先生二次革命失敗後亡命日本的經過和事實。由於現在我手邊並沒有詳細資料，所以對於上田氏的陳述無法予以考證。不過，我覺得上田氏的陳述是可靠的。因爲上田氏是沒有受過什麼高深教育的人，而竟知黃興這兩個字；如果沒有見到黃先生，他更不會知道黃先生留學日本，懂得日文和日語。而且他對於黃先生所得印象，亦與我們所了解者一致。因此上田氏的話是可信的。

現在，我想對於上田氏再說明兩句。

上田氏今年雖已屆古稀，但其身體却非常健康，而且還在繼續做洗濯盤碗的工作。其動作之敏捷，並不遜於年靑人。他自己雖然沒有多少儲蓄，但是，却非常喜歡捐獻和助人。遠在一九三三年，他曾捐過一千二百美元給他的小學母校，俾建立以勤、學馳名於世的二宮尊德（金次郎）底銅像。而在最近數年，對於他故鄉的慈善團體、養老院等，前後更捐了三千多美元，因而榮獲島原市長的特別褒獎。實在難得。我們但願上田氏愈老彌堅，活到一百歲。

（原載一九六七年九月十日臺北「政治評論」）

二十、由陳著「孫中山先生與日本友人」談起

李雲漢

一

研究日本人與　孫中山先生的關係這一主題，目前已有三種著作出版：一是美國人詹孫（Marius B. Jansen）寫的英文本「日本人與孫逸仙」(The Japanese and Sun Yat-sen)；一是已故陳固亭教授所著「國父與日本友人」；還有一種就是本文所要介紹的，陳鵬仁先生的新著：「孫中山先生與日本友人」。

二

陳鵬仁先生的新著——嚴格說來，應該說是譯著——是臺北大林書店，於民國六十二年五月出版的。平裝一冊，三三二頁。陳鵬仁之決定譯著這本書，是爲紀念中華民國建國六十週年，大林書店創辦人彭震球教授之決定出版這本書，也是基於對　中山先生的尊敬與對這一段革命史實的尊重，兩位先生都出之於令人欽佩的動機，洵屬難能可貴。

這是陳鵬仁的第十本書。卷首有六幀圖片，有的是　中山先生與日本朋友的合照，有的是日本朋友間的合照，也有一幀是古島一雄的單照，

最後一幀是著譯者與日人太田宇之助的合影。內容包括二十篇，其中十六篇是譯的宮崎滔天、萱野長知、古島一雄等人的著作，四篇是著者自己寫的書評和報導。附錄兩篇：一是「 孫中山先生給日本人的文電信札」，一是「有關 孫中山先生的日文文獻。」著者也寫了篇短序，放在圖片之後，正文之前。

看書名，陳鵬仁先生的「 孫中山先生與日本友人」與陳固亭先生的「 國父與日本友人」只是對 孫中山先生的稱呼不同，其旨意似是完全一致。可是在內容上及方法上，兩書却又大異其趣。陳固亭先生的著眼，在以 中山先生爲中心，分論 中山先生與曾根俊虎等三十位日本朋友間的關係，取材以中文資料爲主，可以說是從中國文獻中去看日本朋友與中國革命；陳鵬仁先生則是把日本人的資料介紹給國人，是做「介紹這些日本志士所遺留下來的文獻的工作」（自序）可以說是從日本人的記述中瞭解 中山先生當年的地位、活動和日本人對中國革命所作的貢獻。兩書的著眼點不同，故其價值亦各有千秋。

由陳鵬仁先生來介紹日本人關於中國革命的著作和回憶，是最適當的人選。因爲他生長在臺灣，受完了大學教育，打好了中文基礎，又曾對中國革命理論下過工夫，曾把三民主義節譯爲日文。另一方面，他曾居留日本達十年以上，獲得日本大學學位，日文程度無論講、寫，都是頂呱呱的，尤其難得的是他以新進作家的地位，與日本文化界、新聞界及一部分政論家，一直維持著良好的關係。他又是一個學政治科學的人，對於遠東近代政治變遷的熟悉，無疑的大有助於他對日文資料的介紹工作。

三

陳鵬仁先生在他新著的「自序」中說：「我相信，本書對於中國革命史，將有它應有的貢獻。」筆者讀過了他的書，確實覺得他的話是忠懇的，平實的；一點也不錯，這本書就中國革命史具有補益的功用。舉幾個例吧！

——吾人都知道 中山先生於一九〇五年首次與黃興見面是由宮崎寅藏介紹的，宮崎怎樣曉得黃興、認識黃興呢？中文資料裏沒有線索，陳鵬仁先生所譯吉野作造原著「宮崎滔天著『三十三年之夢』解說」一文，却提供了下面的答案：

「黃興在一九〇四年革命（指與馬福益謀舉義於湖南的事——譯者），由上海亡命日本，當時還是個無名青年的他，來到東京之後，窘於衣食和住的問題，此時黃興忽然想起『三十三年之夢』，並相信其著者滔天必定樂意幫助他，因而自告奮勇的去求宮崎的幫助。這話起初我是從已故滔天君那裏聽來的，後來我又直接問了黃興氏。」（頁一九三）

——又如「革命評論」這份日文刊物，對中國革命黨人的思想是不無影響的，中文資料中却一直缺乏介紹「革命評論」的文字，陳著的五四、六五、一六八、一八四、二三〇等頁，都提供了一些材料，把各頁的材料綜合起來看，就可明瞭「革命評論」的創辦情形和其性質了。

——再如日本人參加武昌起義後革命戰爭，是大家都承認的事。但有多少日本人參加？戰績如何？則又是個謎。陳著收入的萱野長知那篇「我參加了辛亥革命」（頁八——二三），生動而詳盡的敍述出漢陽攻防戰的實況，這個謎也爲之揭開。

——萱野長知還道出民國臨時大總統選舉的一個小秘密。選舉是在辛亥十一月初十日（一九一一年十二月二十九日）在南京舉行的，到十七省代表，投十七票， 中山先生以十六票當選，黃興得一票。是誰把這一票投給黃興的？萱野指出是湖南代表譚人鳳。（二二頁）

當然，本書對革命史最大的補益，是對 中山先生及其他革命黨人旅日期間，性格、生活狀況及與中國同志與日本友人間來往情形的敍述。再引一段國人所不常聽到的 中山先生與黃興先生間的軼事：

「當鎮南關之役失敗後，他（ 中山先生）前往新嘉坡，黃興仍然留在雲南起義。當時， 孫先生非常關心黃興的家屬，因爲黃家剩下的都是女性。因此， 孫先生曾經從新嘉坡特別派人到國內去找黃興的家眷。起初沒找到，後來雖覓得，惟黃興太夫人不願意離開中國大陸而作罷。該時， 孫先生以爲黃家都是女性，如果只派男人去接的話，可能有許多不便，於是也加派了女同志一道去。」（頁七）

宮崎滔天說「 孫先生的優點長處，不勝枚舉」（頁七），篇幅有限，恕不再舉其他的實例。

四

翻譯文字，最基本的要求有二：一、盡可能

的不失原意，卽是求眞，求信；一是盡可能要讀者看得懂，覺得很自然，很有趣，卽是求達、求雅。陳著三分之二以上是翻譯文字，譯者顯然已經注意到這兩個基本要求，並盡量想法做得令人滿意。爲了求眞求信，譯者於若干牽涉到中文文件的地方，他都完全採用中文原件，而非從日文譯爲中文。如頁一五述及　中山先生辛亥革命歸國經倫敦對英國政府的交涉，卽是採的　中山先生的原文。爲了要讀者看得懂，不發生意義上的誤解，譯者採用了「夾註」和「譯註」的方式，爲讀者解決了困難。如頁三二，原著者古島一雄依日本習慣說句俏皮話「我們應該用潛水艇的方式」，譯者夾註曰「（亦卽用秘密方式——譯者）」，眞是恰到好處。再如頁二九的「米牛」，頁二八的「著炭」，頁二三的「松隈內閣」，頁三九的「服部兵庫」，如不是譯者加了夾註，我們中國人是會誤解其意義的。

當然，這本書也並不是毫無瑕疵，不足與錯誤之處也還是有的。有些事，是原著者有意或無意脫離了事實，譯者應當用譯註的方式指出來，以免給讀者遺留錯誤的印象。譬如說，太田宇之助在「現在猶存的　孫中山先生」一文中，說「孫先生在東京準備第三次革命時，久原房之助氏曾經無條件地捐出五十萬元現款相助」（頁一七四），可是在我們的中文史料中，却有　孫先生向久原房之助借款五十萬元的借據與契約，這證明久原房之助的出錢並非「無條件的捐出」，而是有條件的借與。

幾個人的姓名記載，也値得懷疑。頁二〇的「曾揆一」，顯然是劉揆一之誤；因爲劉揆一在

「黃興傳記」中曾說：「公（黃興）目覩漢陽城，忽急走船弦，縱身投水，使非副官長曾昭文與揆一追隨左右，合力抱持之，恐即與波臣爲伍矣。」頁一七九提到的王黃愼，筆者也懷疑是萱野長知記憶有誤，因爲中文資料中，黃克強的麾下查不到王黃愼其人。再用詞方面，也有值得商榷之處。如頁十的一句：「照會各國領事館以國民政府將負責保護外國人的生命財產」，其中「國民政府」一詞用的不妥。因爲國民政府是到民國十四年（一九二五）七月一日才在廣州成立的，這個時候在武漢的政府應該是湖北軍政府，或者說是「革命政府」或「民國軍政府」。

五

由於讀過陳鵬仁先生這本書，筆者聯想到在「日本人與　孫中山先生及中國革命」這一範圍中，尙有兩個值得鑽研以期能夠澄清的問題：一是究竟有多少日本人眞正的贊助過中國革命；一是日本人所強調的幾件　中山先生與日本人間的可疑文件，其可靠性如何？

關於第一個問題，日本人和中國人都已開始作調查了，但還沒有令人滿意的結果。日本人方面，杉山龍丸於一九四五年編成了一份「與中國革命有關之日本人名簿」，以名表方式，列出了二百六十三個與中國革命有關的日本人的姓名，死亡年月，住址及一部份遺族姓名。這份名簿於一九五七年九月出版，一九五九年三月再版，是藏於日本京都大學人文科學研究所中國近代史研究班的研究資料，彭澤周教授發表「宮崎滔天與中國革命」一文時列爲附錄，似乎已爲作研究工作的人所重視。不過，這份名簿並未舉出這二百六十三個人贊助中國革命的具體事實來，而且，幾個侵略中國的禍首戰犯如田中義一、本庄繁，廣田弘毅等也赫然在內，無論如何也不能使中國人接受，中國方面的革命文獻中那裏有這些侵略者「與中國革命有關」的記錄！中國人方面，張玉法先生在其「外人與辛亥革命」一文中，也列出了一百四十六個辛亥革命以前與中國革命有關的日本人來，於姓名、籍貫之外，增加了出身、與革命關係、資料來源三欄，這比杉山龍丸的「名簿」要可靠的多了。但張表也還是太過簡略，不能滿足研究上的需要。因此，筆者覺得，我們亟需做番徹底的調查——從中、日雙方文獻及有關人物著述中搜羅、對證、評判，然後編成一份正確的、完整的與中國革命有關的日本人名表，並把他們與中國革命有關的事實簡明具體的列出來，爲兩國的研究者提供有力的佐證。

關於第二個問題，是很麻煩的。但不能因爲麻煩而避開不談，因爲這關係到　中山先生的人格與中國革命黨的主張。這個問題，已故王芸生與旅美史學權威梁和鈞都會談過，大多數年輕人却未能充分注意。那麼，　中山先生與日本人間的幾件可疑文件是什麼呢？

(一)是宮崎龍介發表的「日支秘話」中，提到　中山先生於民國二年（一九一三）訪日時與桂太郎的「秘話」，是說如果日本協助中國國民黨革命，則「中國可把滿洲讓給日本」。

(二)是大隈重信公布的「書翰錄」中，有一封　中山先生於民國三年（一九一四）五月十一日的密函，提議如日本幫助中國革新政治，則中國願意開放全國市場，以加惠於日本工商界。

（三）是一九一五年四月十四日出版的英文National Review中，有一份據說是 中山先生與某日人所訂的十五條密約，說明 中山先生曾以預發國家公債票的方式，召募日本人組織義勇軍協助中國革命黨人進行討袁。

（四）是日本外務省秘稿中所藏的一封 中山先生於民國五年（一九一六）三月十四日致日本外務省政務局長小池張造的密函，表示如日本贊助中國革命，中國允聘日人為顧問，允日人投同開發中國路礦，外交上亦可聯盟等等。

這些可疑文件的正確性如何？如屬正確，有沒有付諸實行？是策略上的運用？還是出之於眞誠的聯日的主張？都是需要澄清的問題。

當然，澄清這兩個問題不是件容易事，也許不是一個人能夠做到的。不過，筆者覺得陳鵬仁先生具有從事這方面研究的條件和方便，甚願他繼續對 中山先生與日本人的關係方面，作深入的研究，並作客觀的介紹。

（原載一九七四年六月一日臺北「新知雜誌」）

二十一、國父給宮崎滔天的函電

孫中山

此地所列　國父給宮崎滔天的函電，係錄自中華民國各界紀念　國父百年誕辰籌備委員會所編，於民國五十四年十一月十二日所出版，「國父全集」第二冊和第三冊。由此我們當可窺悉　國父如何信任宮崎滔天的一斑。

復宮崎寅藏囑約所介紹之人來見函　民國前十三年（一八九九年）

滔天兄鑒：兄果知其人誠實，可請於明日午後五時來見可也。此復。　孫文。三月二日。

復宮崎寅藏告毋庸再見某君函　民國前十三年（一八九九年）

滔天兄鑒：弟病氣已消，今日已出外游行，以吸淸氣而抒體魄。某君前日來見時，弟已應言盡言。倘能如弟言去辦，則於中國前途，大有補益也。餘則非弟力所能及，似可毋庸再見。此復，即候大安。　中山敬覆。四月一日。

致平山周告赴星會宮崎寅藏電　民國前十二年（一九〇〇年）

接電大喜。弟數日事完，當往星會宮。（六月二十五日）

改派宮崎寅藏去滬致平山周函　民國前十二年（一九〇〇年）

平山兄足下：弟已安平到東京，得見各同志矣。茲改議着宮崎兄前去上海，因彼與前途相善，便於商量各件也。前交足下帶去上海之信，望即由書留郵便寄來橫濱，交黎炳墀兄收入轉交與弟可也。餘事尚未能決，俟待後報。此致，即候大安不一。弟文謹啓。十一月十六日書。

在歐將赴日本前致宮崎寅藏函　民國前七年（一九〇五年）

宮崎先生大人足下：日前寄英國之書，久已收讀，欣聞各節，所以遲遲不答，蓋因早欲東歸，諸事擬作面談也。不期旅資告乏，阻滯窮途，欲行不得，遂致久留至於今也。獨於六月十一日從佛國馬些港乘 Tonkin 號佛郵船囘東，過南洋之日，或少作逗留未定；否則必於七月十九日可以到橫濱矣。相見在邇，不日可復與先生抵掌而談天下大事也。謹此先布，幸少待焉，餘容面述，即候大安不一。各同志並祈問好。弟中山謹啓。六月四日寫於佛京巴黎旅館。

防城起義望籌畫接濟餉械致宮崎寅藏函　民國前五年（一九〇七年）

宮崎先生足下：久未作書，以事方進行，無以告慰也。萱野君歸囘把晤，當可暢談一切。近日西軍已發，一舉破防城縣，衆數千人，極得民心，現已全軍北趨，以取南寧。黃君與於同志方面，結合得一新勢力，此時尚持重，俟機乃發。如一發則兩軍合併，廣西不難定也。南來苦意經營數月，始得此結果。此軍初起，而勢力甚固，地位甚穩，專俟一取南寧，則革命軍之基礎已成，廣東長江等響應之師，相繼而起，事可大有爲也。現弟急欲籌妥軍餉軍械外交等事，始入內督師。關於日本之運動，弟在東京時，曾託足下全權辦理，而足下謙讓固辭。及弟去東京後，聞平山北和田諸人與足下衝突，當時弟意以爲諸人意見不合，非有大故，故於來書所述，欲得全權辦理之事，慮平山北和田等既挾意見，不能和衷，故第五十四號函中有「於各人才力所及之範圍內，各有全權」之語。不料平山北和田等不顧公義，爲弟之所不及料，非惟無以維持團體之精神，增進團體之勢力，且立意欲破壞團體，既將日本人的方面破壞無餘，且進而侵入內部，幾致全局爲之瓦解。前托萱野君回國購械，與足下謀議，事已垂成，而機洩於此數人之手，凡此皆不法之舉動，公義之蠹也。弟以後不復信任此數人，其關於日本之運動，當託足下全權辦理，宜秘密行事，不特平山北和田數子，不可使之聞知，本部中人及民報社中人，亦不必與之商議，專託足下一人力任其難，如有所商酌，可直接函電弟處。其在日本之助力，以犬養毅君爲最適宜，今繕一函致犬養毅君，祈即轉交，相與謀議。現時最急者，軍餉軍械兩大宗，望悉力籌畫，以相接濟。欽州海面，已爲吾黨勢力所及，輸運軍械，較前容易矣。專此奉託，即請俠安。弟孫文謹啓。八十八號，九月十三日。

萱野君想已到東，祈轉告西軍已發，東軍之事，望速經營，至以爲望。

在南洋將赴歐前致宮崎寅藏函

民國前三年（一九〇九年）

滔天先生足下：久未通問，夢想爲勞。比接克強兄來書，述足下近況，窮困非常，然而警吏欲賄足下，足下反迎頭痛擊之。克兄謂足下爲血性男子，困窮不濫，廉節可風，要弟作書慰謝。弟素知此種行爲，固是足下天性，無足爲異。然足下爲他人國事，堅貞自操，艱苦備嘗如此，吾人自問，慚愧何如。弟以此事宣之同志，人人皆爲感激奮勵，則此足下天性流露之微，已有造於吾人多矣，弟安能已於言佩謝耶。自與足下握別之後，事變萬端，革命軍曾於防城、南關、河口三舉，皆未能一達目的，無非財力之不逮，布置之未週；故自河口以後，已決不再爲輕舉，欲暫養回元氣，方圖再發。乃自虜喪帝后之後各省人心，爲之一變，無不躍躍欲動，幾有不可終日之勢。惟遇吾人財力極乏，不能乘時而起，殊爲可惜。弟近接歐洲一名商來信云，經濟計劃，有機可圖，問弟何時可到歐洲商議其事。此言想非欺我，弟本欲早日就道，苦以旅費無着，難以成行。刻已四向張羅，日間或望有一路得手。倘弟歐洲之經濟計劃可通，則其他問題可以迎刃而解，而吾人窮苦一生之願力，亦有日能酬矣。此想足下所樂聞，弟敢預爲告慰也。此致，即候大安。弟孫文謹啓。三月二日。

自日本抵星洲後致宮崎寅藏等函

民國前二年（一九一〇年）

宮崎、萱野二先生鑒：弟已於七月十一日平安到新加坡，現擬在此暫寓，以候先生之運動結果。自弟離日本後，各事如何？望詳細示知，幸甚。弟刻下尚無事可告。若他日有事，自當再行報聞也。有信寄弟，請照下文。此候大安。弟孫文謹啓。

Mr. Y.S. Sun
C/O Kong Yo Chiong
77 Cecil Street
Singapore.

將赴歐美前致宮崎寅藏等函詢日本之運動如何函 民國前二年（一九一〇年）

滔天萱野兩先生鑒：十月五日來書已接讀，感謝弔慰。近日吾黨窮極無聊，勢難久待，不得不出大冒險之策，以爲破釜沉舟而速圖再舉也。弟今重作歐美之行，以十二月六日發途，數月內當可東返，應期舉事。北京軍界近亦歸化，大表同情於革命，故他日之舉，決其有成也。足下日本之運動如何？某有勢力之當道，已歸國否？能否援臂一助？務望速爲探實，以爲預備之策畫。如有好音，請爲速示，寄信照別紙英文便可。此致，即候大安不一。弟孫文謹啓。十一月廿七日。

致宮崎寅藏記代交涉許囘日本居留以利活動函 民國前一年（一九一一年）

（一）滔天先生大鑒：弟於去夏到貴國，既不能居留，不得已而往南洋，然彼中無大可爲，故再往美國，爲革命之運動，此地甚自由，可以爲所欲爲也。惟有所不便者，則去中國太遠，交通甚費時日耳。倘先生能設法向陸軍大臣處運動，能得許我到日本居留，則於交通北洋陸軍，甚爲利便，弟必即時囘日本居住也。但恐貴國政府已變，既吞高麗，方欲並支那，自不願留革命一黨在國中也。如其不然，則陸相之運動，必能有效也。弟將於此而占貴國之政策焉。接信望即賜囘示，並時時將貴邦時事政情詳示，俾知東京時局之變遷，幸甚。前寄南洋慰母喪之信，已得拜讀，感謝隆情。此致，即候大安不一。萱野君統此問好。弟孫文謹啓。

（二）宮崎先生大鑒：正月十八日來函，並東亞議會會則一紙，接讀之下，喜極欲狂。寺內陸相陸軍將校及民間人士，既如此表同情於支那革命之舉，則吾事可無憂矣。近者英美兩國政府人民，俱大表同情於吾黨，有如佛國之態度。惟英美政府皆疑日本有大野心，欲併吞支那者也。弟以貴國政府不容居留一事證之，亦不能不疑貴國之政策實在如是。今見東亞議會發起人多故交舊識，心稍釋焉。惟未知民黨之力，能終勝政府之野心否？弟甚欲再到橫濱駐足，如能有法與政府交涉，得其允許，實爲至幸。望先生及犬養、頭山兩翁，代爲竭力圖之，無限切禱。弟在美所謀機局甚佳，不日當可達目的也。匆匆此致，即候大安不一。犬養、頭山兩翁統此問好。弟孫文謹啓。二月十五日。

（三）宮崎先生大鑒：近聞先生貧而病，弟心殊爲戚戚，然客途無力，愛莫能助也，故久缺音問。今僅奉寄日銀百元，託橫濱永新祥商店林清泉君代交，祈爲察收，知杯水莫能濟事，不過聊表區區而已，幸爲愛照。弟近日遍遊加拿大，所到頗蒙華僑之歡迎，不日當能大達目的也，可爲告慰。日本近事如何？請時時詳示，俾得週知一切，幸甚。此致，即候大安。夫人公子各人，並此問好。弟孫文謹啓。四月一日。

致宮崎寅藏商赴日本問題並詢東亞大勢各函　民國前一年（一九一一年）

宮崎先生大鑒：前兩月弟曾寄日銀百元，託橫濱永新祥商店林清泉君交來，未知得收到否？弟近日由加拿大到美國，明日往美京，專爲見彼政界勢力人士，想可得好結果也。近聞東京內閣變更，未知對支那政策，有改變否？弟入日本之問題，能否向新內閣再開談判？邇來東亞大勢如何？日本人心如何趨向？請時時相告，俾得有所取資決策。犬養、頭山等公所發起之東亞議會，進行如何？附和者衆否？亦望順爲示知。此致，即候大安不一。弟孫文謹啓。五月二十日寫。

致宮崎寅藏告擬赴日本請爲設法函　民國前一年（一九一一年）

宮崎先生大鑒：弟今由桑港到些路 Seattle 港，將轉而往美東，十月底可到紐約 New York 矣。其後或往歐或遄回西美，到牛育後乃定也。近聞日本已換內閣，西園寺之政策如何？對於支那革命黨取何方針？可詳以告我否？並望再託木堂先生向新內閣重開交涉，請求弟能入日本之便宜。如蒙政府允肯，請先生速告我。我以後之通信處，如別紙所載，切盼好音。此致，即候大安。弟孫文謹啓。九月十二日。

致宮崎寅藏預祝其當選議員（民國四年）

宮崎寅藏先生大鑒：聞足下立候補爲日本帝國衆議院議員，欣盼之至。足下懷抱莫大之政見，故二十餘年來與弟共圖支那之革命。弟深信足下爲眞愛自由平等之人，此所以熱望足下之赫然當選也。貴國民權日益發達將以足下之當選而卜之。專此則頌起居。孫文。二月二十八日。（此信爲任何「國父全集」所沒有—陳鵬仁）

致日人宮崎寅藏聲討莫榮新眞相函　民國七年（一九一八年）

滔天仁兄同志如握：海天遙隔，想望何涯，惟新春納福，酒興益豪，爲祝爲慰。文南下後，即從事護法。徒以德薄才疏，未能指日收效，方滋慚悚，幸人同此心，叛法奸人，不容於衆，義旗所指，海內望風，底定全局，當不在遠耳。本月江日之舉，文實具有不得已之苦衷，誠恐海外傳聞失實，因囑殷汝耕君東渡，面陳一切，並望轉達諸同志，無任感荷。詳由殷君面達。耑上。即頌近安。孫文啓。一月廿一日。

覆宮崎寅藏望糾正日本軍閥侵華政策書　民國九年（一九二〇年）

滔天先生大鑒：兩接手書，一祝一弔。祝者尚未確，而所弔者已成眞，良深痛恨也。惠州屢攻不下，至今尚在惡戰之中；朱執信兄往虎門收降，爲敵軍一部所暗算，殊爲不値。日者廣州已附我，惠州當終歸我有，可無疑義。按今後支那大勢，吾黨不獨可以得志於南方，且不久可以統一中國。英、美對我方針，近來大表好意，白人外患，可以無憂。此後吾黨之患，仍在日本之軍閥政策。倘日本仍行其扶舊抑新之手段，則中國之內亂，未有已期也。如此，則吾人亦不能不倒行逆施，親英美以排日也，而其咎則當歸之日本。深望日本民間同志，有以糾正軍閥之方針，不爲同洲侵略之舉，而爲同舟共濟之謀，則東亞實蒙其福，而日本亦終享其利，東亞經綸百年大計，無愈於此者矣。日本同志幸爲圖之。此覆，並候大安不一。頭山翁、木堂翁、寺尾翁，統此候好，不另。

孫文謹啓十月五日。

三十三年落花夢序

民國紀元前十年八月

世傳隋時有東海俠客虬髯公者，嘗遊中華，徧訪豪傑，遇李靖於靈石，識世民於太原，相與談天下事，許世民爲天下之資，勗靖助之，以建大業。後世民起義師，除隋亂，果興唐室，稱爲太宗。說者謂初多俠客之功，有以成其志云。宮崎寅藏君者，今之俠客也。識見高遠，抱負不平，具懷仁慕義之心，發拯危扶傾之志，日憂黃種陵夷，憫支那削弱，數遊漢土，以訪英賢，欲共建不世之奇勳，襄成興亞之大業。聞吾人有再造支那之謀，創興共和之舉，不遠千里，相來訂交，期許甚深，勗勵極摯，方之虬髯，誠有過之，惟愧吾人無太宗之資，乏衞公之略，馳驅數載，一事無成，實多負君之厚望也。君近以倦遊歸國，將其所歷，筆之於書，以爲關心亞局興衰籌保黃種生存者有所取資焉。吾喜其用意之良，爲心之苦，特序此以表揚之。壬寅八月。支那孫文逸仙拜序。

附錄：國父旅日年表

李雲漢

旅日期間 年、月、日	活動狀況及其他	交往之日本人	住所	日本內閣	資料頁數
(1) 一八九五、十一、十二～同年同月	○十月，廣州起義失敗，被命出國五年。 ○十一月十二日到達神戶。 ○同月十七日抵橫濱，定居該市。 ○創立興中會橫濱分會。鄭士良歸國，陳少白留日本，國父剪辮赴夏威夷。 ○此間，國父將早年在夏威夷結識之菅原傳介紹與陳少白認識（其後，陳少白透過菅原傳之關係，開始與曾根俊虎、宮崎彌藏交往）	菅原傳	橫濱、山下町五十二番地，文經印刷店	第二次伊藤內閣	國父年譜（增訂本）七三～七四 中華民國革命秘笈 三八～三九 開國前革命史第一冊 三〇三
(2) 一八九七、八、二	（一八九六年十月倫敦蒙難→英、美→日本） ○一八九七年八月十六日抵橫濱。 宮崎寅藏與平山周在橫濱與國父會晤（渠等	宮崎寅藏		松方內閣外相	國父年譜 九四～二九 三十三年之夢

～一九〇〇、六、十七	係自中國歸來，中途於橫濱下船訪問陳少白，時國父已抵日，下榻陳少白寓所） 同年九月，國父抵東京，訪問平山。平山將國父介紹與犬養毅，託其協助採取善後對策。 ○當時之外務次官小村壽太郎，極力反對國父留日。犬養對大隈外相進行活動，至十月二日始承認其開市場外之居住。於是國父遂以受僱於平山之名義在東京住於平山之寓所。因接近中國公使館，故不久遷至早稻田鶴卷町，平山與可兒長一同住。與犬養之來往更見便利。國父之生活費，依犬養之介紹，由平岡浩太郎負責供給。 ○藉犬養之介紹，開始與日本之政、財界人士交往。 ○為華僑子弟設立中西學校。成立之際，國父雖向校長推薦梁啓超被拒，但接受所贈之「大同學校」名稱。	平山周 犬養毅 大隈重信、大石正巳、尾崎行雄（外務省參事官）、副島	麴町區平河町五丁目三十番地 遷至早稻田鶴卷町	大隈	一九四～二〇五 中華民國革命秘笈 五九～六七 東亞先覺志士記傳中卷 六一九～六三一 犬養木堂傳 七一一～七一二 七二〇～七二七 七八二～七九三 革命逸史初集 四八～五〇

	一八九八年春，宮崎寅藏奉犬養之命，擬聯合中國維新各派之志士。 ○同年夏，由於不獲國內之連絡，故國父命宮崎寅藏與平山周前往中國（二人在中國內地除與三合會交往外，並勸康有爲參加聯合，但爲康拒絕）。 ○因平山赴中國，一人獨居不便，遂遷至橫濱。 ○九月戊戌政變，康有爲、梁啓超亡命日本（	種臣、頭山滿、秋山定輔、平岡浩太郎（赤池煤礦老板、玄洋社社長）、中野德次郎、鈴木久五郎、安川敬一郎、大塚信太郎、山田良政、久原房之助、寺尾亨、萱野長知、菊池良一、副島義一、坂本金彌、	一八九八年夏，橫濱、山下町	一八九八、一、十二第三次伊藤內閣成立。 一八九八、六、三〇、大隈內閣。	

康與宮崎、梁與平山同返日本）。十月二十六日，犬養、寅藏欲從中調停，使孫、陳、康、梁會談，但遭康之拒絕。康、梁成立保皇會，出刊機關報「清議報」。國父赴日本各地遊說。	山田純三郎、山座圓次郎（政務局長）、小池張造（政務局長）、柏原文太郎		
一八九八年底至一八九九年初，菲律賓獨立軍委員彭西(Mariano Ponce)與國父、犬養三人舉行會談。在此以前，一八九八年六月，彭西到日本之際，曾在橫濱與國父會晤，結成相互援助之盟約。國父託宮崎、平山協助購買武器，二人與犬養計議） ○一八九九年七月，布引號沉沒事件。犬養託政治商人中村彌六購入武器，其中之一部，託布引號輪船載運，中途沉沒。 雖準備另予援助，但獨立運動失敗，剩餘武器均讓與國父。	援助菲律賓獨立之有關人員：宮崎、平山、犬養、中村雄次郎（陸軍次官）、川上操六（參謀總長）、內田良平、頭山滿、平	仍寓橫濱山下町	一八九八、十一、八第二次山縣內閣成立

○一八九九年九月，趁康有爲赴美期間，與梁啓超等保皇會分子協議合作，並進入組織化之階段，復因康之反對而告中止。

○同年秋，指導中國內地之組織宣傳。例如中國日報之發行。史堅如、畢永年、鄭士良等之會黨工作等。

○同年十一月，成立興漢會。該會係以史堅如等會黨工作者爲中心而組織者，推國父爲會長。

○?月，唐才常於起義之前，在東京與國父、梁啓超等人，就合作舉義事，進行協議。

○一九〇〇年六月十七日，自橫濱乘船赴香港。

除援助菲律賓獨立運動時之剩餘武器外，更獲得兒島哲太郎三千元，中野德次郎五千元，及內田良平領導之三百名壯士之支援，在準備舉兵期，發生義和團事件，此外復因接獲劉學詢之密函（勸告與劉坤

岡浩太郎及其弟德次郎、中村彌六。

兒島哲太郎、中野德次郎、清藤幸七郎

	一、張之洞、李鴻章等之東南互保計劃合作），乃與鄭士良、陳少白，楊衢雲、宮崎、平山、清藤幸七郎等人一同出發。在廣東登陸時幾遭逮捕，乃逃往西貢。更至新加坡與宮崎等人會合，但遭驅逐，返回香港，亦不見容於港府，於是又再度返回日本。				
⑶ 一九〇〇、七？～九？	〇七月二十日，自香港赴神戶。停留日本，完成舉兵準備。 〇八月，雖起程赴上海，但因是時發生自立軍起義事件（八月九日），受其影響，各處搜查嚴緊，未能登陸，立即返回橫濱。 〇九月，依山田良政之聯絡，急赴臺灣與臺灣總督兒玉源太郎、民政長官後藤新平會晤。兩者合作，約定給予軍人，武器彈藥之援助。 （十月八日惠州三洲田起義。菲律賓獨立軍	山田良政		第二次山縣內閣	國父年譜 一二二～ 一三六 三十三年之夢 二五四～ 二五五 二三九 二七七～ 二八二 總理全集

	讓與之彈藥，受中村彌六之詐欺，未能送出；又，取代山縣之伊藤內閣，改變對華政策，禁止對其實施援助）			十月十九日，第四次伊藤內閣成立	五二八～五二九 東亞先覺志士記傳中卷 四五五 中華民國革命秘笈 六二～六七
(4) 一九〇〇、十一、十六～一九〇二、一、十八	〇一九〇一年一月二十六日，舉行楊衢雲追悼會（楊因惠州起義失敗，一月十日被刺殺） 〇二月十四日至和歌山再度會晤南方熊楠（一八九六年國父在倫敦被清國公使館監禁時，南方任職於大英博物館，為有名之菌類學者。獲釋後，國父至大英博物館研究，一八九七年三月十六日，經該館東洋圖書部主任．道格拉斯爵士之介紹，與南方結識，遂成莫逆之交）	南方熊楠	橫濱前田橋（與尤列同住）	第四次伊藤內閣	國父年譜 一三六～一四一 革命逸史初集 九八

	○同年春，往返於東京橫濱之間，與亡命志士（章炳麟、秦力山、程家檉等）交往。更與馮自由等廣東籍旅日學生接近，援助彼等，組織廣東獨立協會。興中會員之黎炳垣、溫炳臣、陳和等人亦與彼等交往，此後廣東獨立協會與興中會開始合作。			一九〇一年六月二日桂內閣成立	
(5) 一九〇二、一？～一九〇三、一、七	○一九〇二年一月十八日，離日赴港，停留六天，重返日本。 ○同年四月二十六日，召開中夏亡國紀念會。發起人章炳麟、秦力山、馮自由、馬君武等十人。章請求國父贊成，獲得承諾。然而日本政府令警察總監予以解散。發起人士是否知悉此項命令雖不得而知，但當日仍有數百人於預定地點上野精養軒集合，國父亦率華僑十餘人，自橫濱趕來參加。是夜，在橫濱召集同志，於永樂樓補行紀念會。 ○一九〇三年一月七日，經香港赴安南。		橫濱	桂內閣	國父年譜初稿 一四一～一五〇 革命逸史初集 五七～六〇

(6) 一九〇三、七、二三～同年九、二六	○七月下旬，由安南經西貢至橫濱。 ○當時，橫濱興中會會員減少，往來者僅十餘人。然而自抗俄義務軍，國民教育會成立後，各省之留學生、相繼發行雜誌（例如：湖北學生界、遊學譯編、江蘇、浙江潮、新湖南等，均以發揚民族主義標榜）此外，國父透過馮自由之關係，自一九〇一年以來，與留學生取得連絡，往來者達數十人。 ○一九〇三年八月一日，在「江蘇」第六期中，發表「論中國之保全分割合論」。 ○於青山成立革命軍事學校。 由於日本政府加强對留學生之管理，乃有該校之設立，以作為對策。依犬養之協助，獲得日野熊藏（步兵上尉，有名之軍事學家）之協力，以彼為校長，並獲得其友人小室友次郎（騎兵少校）之教授。第一期學生十四人。（然而國父離日後，不到	犬養毅 日野熊藏 小室友次郎	橫濱山下町本牧橋（國父住二樓廖翼朋與黃宗仰住樓下）	桂內閣	國父年譜 一六四～一六五 革命逸史初集 一三三～一三四

	半年卽告解散）。 ○九月二十六日，為籌募款而赴夏威夷。				
(7) 一九〇五、七、十九 ～ 同年十、七	○七月十九日到達橫濱。 七月二十八日，在東京二十世紀之支那社，與宋教仁、陳天華等會談。是時，國父主張各省之革命勢力應互相連絡。 ○七月二十九日，宋教仁、陳天華等華興會員，討論是否與國父合作。 ○七月三十日，於東京赤坂區檜町三番地黑龍會（內田良平宅）召開中國革命同盟會籌備會。除無留學生之甘肅外，十七省代表共七十餘人參加。通過「驅除韃虜、恢復中華、創立民國、平均地權」之誓詞。 ○八月十三日，東京留學生於麴町富士見樓舉行歡迎國父大會，聽衆逾千人以上，盛況空前。國父以「中國應建設共和國」為題發表演說。	日本人參加者：宮崎寅藏、內田良平、末永節等十人 寅藏、末永亦發表演說	?	桂內閣	國父年譜 一九四～二三三 革命逸史二集 一四六～一五八 中華民國革命秘笈 八一～八六 六〇 三十三年之夢 三一四～三一六 東亞先覺志士記傳 三八八～

○八月二十日，於赤坂區靈南坂之坂本金彌住宅，舉行中國革命同盟會成立大會。制定章程，選舉負責人員，推國父爲總理。

○八月二十八日，日本政府禁止「二十世紀之支那」發行。

九月改稱「民報」。

此後，在中國內外各地，組織分會。

○日本人同志之中，宮崎、平山、萱野三人，特准加入同盟會。其後萱野之友人和田三郎與池亨吉，亦加入同盟會，爲會務而努力奮鬥。板垣退助，經和田之介紹，與國父會晤。

萱野介紹三上豐夷。

其後，國父於神戶之三上寓所住宿，講解時事。此時，北一輝亦經介紹加盟。

同盟會成立前後之費用，由鈴木久兵衛捐助。

古賀廉造爲「民報」租借牛込區新小川町房

坂本金彌（議員）

日人加入同盟會者：宮崎、平山、萱野、和田三郎、池亨吉、板垣退助、三上豐夷「神戶航業巨子」、北一輝、鈴木久兵衛、

同盟會成立同時，於牛込築土八幡租屋一幢，懸掛高野長雄名牌。

三八九

	屋之保證人。 ○十月七日。爲籌募款項，偕萱野赴西貢。途徑長崎時，依金子克己（黑龍會分子）之安排，與俄國革命黨員尼古拉・拉塞爾會晤（中、俄兩國革命派開始發生連繫）（以此爲轉機，宮崎、萱野、和田、北、池、淸藤等發行「革命評論」。）	古賀廉造（警保局長）			
(8) 一九〇六、四、？～同年五、？	○由南洋至日本，又返回南洋。			西園寺內閣	國父年譜 二一三～二一五
(9) 一九〇六、一〇、九～一九〇七、	○一九〇六年十月九日，由西貢抵日本。 ・一九〇六年〇一月十五日夜，與宮崎寅藏、平山周、池亨吉、和田、萱野、淸藤等人，在自己寓所與俄國流亡人士吉爾約尼（越獄後前往歐美途中，在日本東京停留一日）徹	宮崎寅藏、平山、池、和田、萱野、淸藤	牛込區築土八幡（懸掛高野長雄名牌）	西園寺內閣	國父年譜 二一七～二三四 中華民國革命秘笈

三、四	夜會談。（國父主張，爲建立新共和政體，應採取五權分立）。 ○一九○六年十二月二日，於神田錦輝館舉行民報周年慶祝會。國父發表演說，題目爲「三民主義與中國民族之前途」。 ○一九○七年一至二月間，制定革命方略。 ○同年二月十七日，早稻田大學，應清廷之請，開除與革命黨有關之留學生三十九人。 ○同年二月二十五日上午與海軍軍官富澤會晤。 同日下午，與章炳麟、劉師培、胡漢民、宋教仁等人，於三河屋與內田，宮崎、淸藤、和田等人會談、飲酒。 ○同年三月四日，赴新加坡。 由於於一九○六年十月萍醴之役，淸政府要求日本政府驅逐國父出境。日本政府資助五千元，勸國父離去。 國父不得已乃率胡漢民、汪兆銘等人離日。	平山、宮崎寅藏發表賀辭 海軍軍官富澤 內田良平			五〇～五七 八六 三十三年之夢 三一五～三二一 東亞先覺志士記傳 四三五～四三七 中華民國開國前革命史(1) 二〇一

	鈴木久五郎不滿政府之處置，贈金萬元。	鈴木久五郎			
(10) 一九一〇、六、一五 ～ 同年 六、二五	○六月十五日，到達橫濱，不顧日本禁止入境之命令，秘密登陸。化名 Dr. Aloha 前往東京，但仍爲日本政府探悉，加以清朝亦提出要求，故要求國父離境。 ○六月二十五日，赴新加坡。	宮崎寅藏	小石川區原町三十一番地、宮崎寅藏住所	第三次桂內閣	國父年譜 三一三～三一四 三十三年之夢 三二二 總理全集 一六五～一七三
(11) 一九一三、二、一三 ～ 同年 三、二三	○二月十三日於長崎登陸，十四日抵東京，在東京停留至三月五日。 ○先後與桂太郎會談兩次，約十五、六小時—對桂太郎中日德聯盟以驅逐英國之主張，至表同感。 又爲實現鐵路政策，至長崎、神戶、大阪、東京、橫濱各地訪問，視察鐵路、工廠，並與實業家接觸。	桂太郎		一九一三、二、十一大正政變 二、二十、山本內閣	國父年譜 四九四～五〇三 東亞先覺志士記傳 五〇八 東京朝日全集三卷

○二月二十日，出席在三井物產所舉行之爲設立中國興業公司之第一次發起人會議（設立中國興業公司之際，由山本條太郎主持，尾崎敬義透過大藏次官勝田主計，向大藏省進行活動，另方面三井社員森恪、高木陸郎、與國父進行折衝。國父亦與參與此事之澁澤榮一不斷會晤。）

○二月二十二日，出席丁未俱樂部、中華留學生會館幹部、日華協會、中國協會中國協會及其他中日兩國學生共同舉辦之歡迎會。

○二月二十三日，對留日學生講演。講題爲「學生須革命精神努力學問」。

○三月十三日，出席神戶國民黨交通部之歡迎會。

講題爲「黨爭乃代流血之爭」。

○?、於福岡與玄洋社社長進藤喜平太、寺尾亨、島田經一、藤井種太郎、宮崎寅藏、金子克己、中田猪十郎、菊池良一等人會晤。

森恪、高木陸郎、澁澤榮一

進藤喜平太、寺尾亨、島田經一、

成立

一二〇～一三一

		藤井種太郎、宮崎寅藏、金子克己、中田猪十郎、菊池良一			
(12) 一九一三、八、九	○?於長崎訪問東洋日出新聞社社長鈴木天眼，並與其夫人、西鄉四郎、福島熊次郎、濱田盛之輔、野中右一、丹羽翰山、金子克己等人會晤。 ○獲悉宋教仁遭暗殺（三月二十日），三月二十五日返抵上海。 ○第二革命失敗，與革命黨主要人物黃興、胡漢民、柏文蔚、李烈鈞、張繼等人亡日本。 ○八月九日抵神戶，由臺北赴日本途中，在船	鈴木天眼、西鄉四郎、福島熊次郎、濱田盛之助、野中右一、丹羽翰山、金子克己 犬養毅、頭		山本內閣（至一九一	國父年譜 五三〇~六三四

～一九一六、四、二七	上以電報通知犬養、頭山、萱野等人。另方面，袁世凱要求日本政府，拒絕國父於日本登陸，總理大臣雖下令警察當局在神戶港實施檢查，但爲船長隱匿，未被查獲。秘密登陸後，住於神戶之松方別墅。 不久之後，經犬養與日本政府交涉之結果，默認國父居留日本。 十八日，到達東京赤坂靈南坂之海妻豬勇彥寓所。住於該處，受鄰居頭山之掩護。 ○八月二十六日，訪問「精神團」主持人飯野吉三郎。以期利用飯野與陸軍內部有力分子之密切關係，由陸軍方面購買武器。 ○同年九月二十一日，經飯野之介紹，與陸軍經理局長辻村會談。然因資金籌措不繼，乃放棄武器之購入。 ○另方面，以獲得借款之目的與實業家會晤。 一九一三年八月二十九日 ，與山本條太郎、益田孝、森恪密談。	山滿、萱野長知、船長那寬四郎、三上豐夷、松方幸四郎（川崎造船所所長） 山本條太郎、益田孝、	神戶之松方別墅 赤坂靈南坂海妻寓所	四、三、二四）	中華民國革命秘笈 東亞先覺志士記傳 外務省文書

同年九月十八日與澁澤榮一會晤。	森恪 澁澤榮一		
同年十月六日，再與澁澤會晤，要求對討袁予以援助，但遭拒絕。			
一九一四年五月十一日，與大倉喜八郎會晤。	大倉喜八郎		
但均告失敗。			
○安川敬一郎（築豐煤礦之有力煤礦業者）受頭山之託，負擔三年流亡期間之生活費及其他費用。	安川敬一郎、寺尾、內田		
○西本願寺之中國布道僧水野梅曉，設立收容流亡革命黨員子弟之浩然學舍，給與援助。	水野梅曉		
○寺尾亨任收容革命分子之政法學校校長。			
○內田良平，一面與革命派保持連絡，一面企圖由陸軍軍人出兵。			
○預備役海軍上尉郡司成忠，向國父表明願率部下一千五百人參加革命軍之意志。	郡司成忠		
○一九一四年五月十一日，致大隈書簡——希	宮崎寅藏、	赤坂區靈	一九一四、四、一六

	望日本對革命黨予以支持與援助，並以對日本開放中國市場，作爲廢除領事裁判權之條件。 ○一九一四年六月二十三日於東京舉行中華革命黨選舉大會，當選爲總理。 ○七月八日，於築地精養軒召開中華革命黨成立大會。參加者三百餘人，國父就任總理。本部設於青山。發行「民國雜誌」作爲機關誌。 ○同年八月二十三日，中華革命黨發出通告，禁止黨員自由行動。並對各省支部，派遣支部長。 ○同年九月一日，發表中華革命宣言，並制定革命方略。 ○同年九月二十日起，於頭山寓所，先後共舉行十七次會議，討論革命方略。 ○同年十一月二十五日，與宋慶齡結婚。 ○一九一五年一月十八日，對華提出二十一條	犬養、寺尾、頭山等人朝夕相處。	靈南坂之頭山滿寓所	第三次、大隈內閣	

要求。	
十二月發生第三革命。	
○十二月十六日至十八日，與入江熊次郎等人在青山革命黨本部舉行秘密會議（提議在九州募集義勇兵）	入江熊次郎（藥種商人，幫助革命黨員之生活）
○一九一六年三月二十九日、四月十六日、四月二十六日，三次與福田會議。	福田少將（參謀本部第二部長）
在此前次接受本庄之訪問。	本庄中校（參謀本部）
○二月二十日，依秋山定輔之斡旋，由久原貸款七十萬元。日本政府雖不公然援助，但採取默認民間援助之方針。	久原房之助（久原鑛業）
○四月二十七赴上海。鑒於第三革命之發展，認爲革命黨須獨立從事活動，因之不但自己歸國，同時亦要求海外之同志歸國。	

⒀ 一九一八、六、一～同年、同月	（一九一八年五月四日，向非常國會辭去大元帥職務） 曾一度抵日，然因鑒於日本外交政策之方針，判斷在日本之活動將有困難，復以眼疾需要治療，乃立即返回上海。			寺內內閣	國父年譜 七三一～七三三
⒁ 一九二四、十一、二三～同年 十二、二	（十一月十日，北上宣言，十三日自廣東出發，十七日到達上海，十九日在上海招待記者，發表對時局之主張） ○國父雖欲立即北上天津，但據報上海、北平間之交通，因軍事行動而告斷絕，故決定乘船經日本至天津。 ○十一月二十一日，偕夫人與李烈鈞、戴傳賢等人，自上海出發。 ○十一月二十二日，在船中招待日本記者，就「中日親善」與「北上目的」，發表談話。 ○十一月二十三日，到達長崎，受到約二、三百人之歡迎。			加藤高明內閣	國父年譜 一一五九～一一六六 東亞先覺志士記傳 七六九 總理全集（二集） 五五四～六一五

在船上招待記者——不要外債、打倒軍閥、打破列強之干涉。
對長崎之留學生演說——提倡國民會議、解決中國內亂、廢除不平等條約、收回海關、租界領事裁判權。
〇十一月二十三日，夜長崎出發，二十四日到神戶。受到四五千人之歡迎。招待記者——中國內亂之原因，在於不平等條約。日本應援助中國之廢除不平等條約運動。
〇十一月二十五日，仍留神戶。與日本各界人士會見，不斷提出廢除不平等條約及中日親善之主張。
〇在東京、大阪、神戶國民黨歡迎大會中演說，講題爲「中國內亂之原因」。
〇十一月二十八日，在神戶演講「大亞洲主義」。
（係應神戶商工會議所等五團體之要求，於神戶高等女學校所發表者）

頭山滿、望月小太郎、萱野長知、古島一雄、高見之道（床次竹次郎總裁代理）等人同日夜，在東方飯店講「日本應助中國廢除不平等條約」。

○十一月三十日神戶出發。

○十二月一日抵門司。

○十二月二日門司出發。

○十二月四日到達天津。

（錄自中華民國史料研究中心所編輯「研究中山先生的史料與史學」一書）

國家圖書館出版品預行編目資料

近代中日關係研究. 第三輯：宮崎滔天論 孫中山與黃興 / 宮崎滔天著 / 陳鵬仁譯. -- 初版. --
臺北市: 蘭臺出版社, 2024.11
冊；公分 --(近代中日關係研究第三輯：9)
ISBN 978-626-98677-0-7(全套：精裝)
1.CST: 中日關係 2.CST: 外交史
643.1 113006866

近代中日關係研究第三輯9

宮崎滔天論 孫中山與黃興

作　　者：宮崎滔天
編　　譯：陳鵬仁
主　　編：張加君
編　　輯：沈彥伶
美　　編：陳勁宏、凌玉琳
校　　對：楊容容、古佳雯
封面設計：陳勁宏
出　　版：蘭臺出版社
地　　址：臺北市中正區重慶南路1段121號8樓之14
電　　話：(02) 2331-1675 或 (02) 2331-1691
傳　　真：(02) 2382-6225
E - MAIL：books5w@gmail.com或books5w@yahoo.com.tw
網路書店：http://5w.com.tw/
https://www.pcstore.com.tw/yesbooks/
https://shopee.tw/books5w
博客來網路書店、博客思網路書店
三民書局、金石堂書店
經　　銷：聯合發行股份有限公司
電　　話：(02) 2917-8022　　傳真：(02) 2915-7212
劃撥戶名：蘭臺出版社　　帳號：18995335
香港代理：香港聯合零售有限公司
電　　話：(852) 2150-2100　　傳真：(852) 2356-0735
出版日期：2024年11月 初版
定　　價：新臺幣12000元整（精裝，套書不零售）
ISBN：978-626-98677-0-7

近代中日關係史

一套10冊，陳鵬仁編譯　定價：12000元（精裝全套不分售）

精選二十世紀以來最重要的史料、研究叢書，從日本的觀點出發，探索這段動盪的歷史。是現今學界研究近代中日關係史不可或缺的一套經典。

第一輯

ISBN：978-986-99507-3-2

第二輯

ISBN：978-626-95091-9-5